손정의가 선택한
4차 산업혁명의 미래

손정의가
선택한
4차 산업혁명의
미래

김용태 지음

연암사

머리말

2016년 다보스 포럼의 화두로 던져진 '4차 산업혁명'이라는 단어가 큰 파장을 일으키고 있다. 인터넷과 모바일 시대로 변하면서 혁명 같은 변화들이 일어났는데, 어찌 보면 그건 예고편이었고 이제 본편이 시작되는 분위기가 곳곳에서 감지되고 있는 것이다.

비즈니스 생태계의 근원적인 전환에 기업들도 바짝 긴장하는 눈치고, 정부도 '4차 산업혁명위원회'를 만들면서 대응에 나섰다. 사회 전반적으로 "이거 보통 일이 아니구나. 넋 놓고 있다가는 큰일 나겠구나." 하는 위기감이 팽배해져 가고 있다.

나는 개인적으로는 4차 산업혁명이라는 용어에 대해 석연치 않은 입장이었다. 3차니 4차니 숫자 부풀려서 다시 한 번 구호 외치는 정도로 치부했던 것이다. 그런데, 곰곰이 파헤치다 보니 용어야 어찌됐든 심각한 변화가 일어나는 것이 팩트이고, 빅데이터, 클라우드, 인공지능, 사물인터넷, 블록체인 등이 타이밍이나 역학구조상 교묘하게 융합되면서 세상을 조여 오고 있다는 사실을 깨달았다. "아, 이거구나!"

그런데, 2017년 7월 21일자 뉴스에서 일본 도쿄에서 개최된 '소프트뱅크 월드 2017' 소식을 들었다. 손정의(손 마사요시) 회장이 100조 원의 비전펀드를 조성해서 10여 개 회사에 대규모 투자를 했다는 것이다. 2016년에는 35조 원을 들여 ARM을 인수하더니 이번엔 전대미문 규모의 비전펀드라는 긴 칼을 빼든 것이다. 여기에는 사우디아라비아 국부펀드, 아랍에미리트의 무바다라 인베스트먼트, 퀄컴, 애플, 폭스콘, 샤프 등이 동참했다.

첫 느낌이 "전쟁이 시작되었구나."였다. 궁금증도 일었다. 손정의는 어떤 회사에 투자했으며 왜 그들을 선택했을까? 그들은 모두 4차 산업혁명 관련기술과 소프트웨어를 보유한 회사다. 그렇다면 손정의가 그리고 있는 빅 픽처는 무엇일까? 이것이 이 책을 쓴 동기다.

손 회장은 트렌드를 읽는 탁월한 감각을 가지고 있다. 그는 IoT, 빅데이터, 인공지능 로봇에 70% 이상을 집중투자했고, 지식기반사업과 공유경제, 그리고 블록체인 기반의 사업모델에도 투자를 아끼지 않았다. 그가 선택한 회사들을 파헤쳐 볼수록 손 회장의 4차 산업혁명 빅 픽처와 노림수가 더욱 선명하게 드러났다. 이것은 전율이라고도 표현할 수 있을 정도다.

이 책의 주제는 4차 산업혁명의 본질이다. 4차 산업혁명에 관한 많은 책과 콘텐츠가 있지만 대개 기술적인 관점이라는 아쉬움이 있고, 그러다 보니 비전공자들에게는 난해한 것이 사실이다. 우리나라가 4차 산업혁명에 뒤처지고 있다는 자성의 목소리와 외국 비즈니스 리더들의 우려 섞인 충고의 수위가 높아지고 있다. 우리가 알던 세상이 사라지고 다른 생태계로 전환되고 있는 다급한 상황에서 우리는 무엇을 어떻게 변화시켜야 하는 것일까?

기술 자체가 중요한 것이 아니라 심층에 흐르는 원리와 사업적 함의를 이해해야 실제 우리 사업과 삶에 적용할 수 있는 통찰력을 얻을 수 있다. 사물인터넷(IoT), 빅데이터, 인공지능, 지식기반사업, 공유경제, 블록체인 등 4차 산업혁명을 주도하는 기술의 역사와 등장배경, 핵심원리를 설명하고, 손 회장이 선택한 기업들의 스토리와 오버랩함으로써 쉽고 흥미롭게 4차 산업혁명의 본질을 통찰하고 사업과 삶에 적용할 아이디어를 얻고자 함이 이 책의 목적이자 내용이다.

손정의 회장은 일회성으로 그치는 것이 아니라 2차, 3차 비전펀드를 계속 퍼붓겠다는 발표를 했다. 트리거는 당겨졌다. 4차 산업혁명은 이미 와 있는 미래다. 그것을 평평하게 펴는 것이 우리 모두가 서둘러야 하는 일이고, 당신이 이 책을 펼쳐야 할 이유다.

차례

1

4차 산업혁명의
방아쇠를 당기다

> " 소프트뱅크는 새로운 시대의 젠트리
> (gentry, 영국의 귀족과 자영농민 사이 계층)가 되고 싶다.
> 정보혁명을 견인하고 인류에 가장 공헌하는 기업이 될 것이다.
> 때로는 실패했지만, 의도해서 리스크를 취하며
> 정보산업의 젠트리가 되고 싶다. "

선전포고

'소프트뱅크 월드 2017'은 선전포고?

2017년 7월 20일 일본 도쿄에서 '소프트뱅크 월드 2017'이 개최됐다. 핵심의제는 100조 원 규모의 비전펀드. 손정의는 왜 비전펀드를 결성했으며 어느 회사에 어떤 취지로 투자했는지, 그가 그리고 있는 정보혁명의 빅 픽처를 발표하는 자리였다. 세계 언론들은 일제히 이 행사를 취재하면서 의미를 분석하기에 바빴다. 한 과학 전문미디어는 "아시아 최강 '정보혁명 다국적 연합군' 출범"이라고 평가하면서 이렇게 보도했다.

"아시아 최고 4차 산업혁명 잔치가 20일 소프트뱅크 주최로 이틀 간 일정으로 시작됐다. 올해가 6번째인 'SoftBank World 2017.'

개막식에 해당하는 기조 강연은 손정의의 등장으로 시작됐다. 그는 "정보혁명은 이미 다가왔고, 인류 문명의 특이점인 질적 도약은 사실화가 됐다."고 단언했다. 손정의는 "정보혁명은 인류를 더욱 행복하게 만들 것"이라며 "소프트뱅크는 정보혁명을 리드하며 인류에 가장 공헌하는 회사가 될 것"이라고 공언했다.

그는 세계 최고 수준의 실적을 지니면서 정보혁명 '동지'가 된 협력사들을 무대 위로 불러냈다. 이 자리에는 세계 최고의 시스템 반도체 설계사인 ARM과 이동형 로봇 최고봉인 보스턴 다이나믹스, 900개 인공위성으로 전 세계 인터넷 망을 설치하려는 원웹(ONEWEB)을 비롯한 10여 개의 협력사 사장 등이 자신들의 비전과 소프트뱅크와의 협력방안을 발표했다."

(헬로디디, 2017. 7. 21.)

〈 '소프트뱅크 월드 2017' – 아시아 최강 '정보혁명 다국적 연합군' 출범 〉

손정의의 기조연설이 끝난 후 소프트뱅크가 인수하거나 투자한 회사들의 CEO들이 무대에 올라 자신들의 비전을 브리핑하는 순서가 이어졌다. MIT 미디어랩에서 분사해서 25년 간 로봇 제작에 전념해 온 보스턴 다이나믹스(Boston Dynamics), 700여 개의 위성을 띄워 전 세계에 저렴하게 인터넷을 공급한다는 비전을 가지고 있는 원웹(One Web), 세계 혈액 검사 시장의 90%를 점유하며 암을 인공지능으로 예측해 삶의 질을 높여주는 가던트 헬스(Guardant Health), 산업 소프트웨어 회사 특히, 산업용 사물인터넷 분야와 실시간 빅데이터 분석에 핵심역량을 보유하고 있는 OSI소프트, 자율주행자동차 데이터 분석회사 나우토(Nauto) 등 세계 최첨단 기업들이 뭉친 것이었다.

그뿐 아니다. 아직은 좀 생소한 이름의 스타트업들도 다수 참여했다. 지능형 농업혁명을 추구하는 플렌티(Plenty), 청소기계 등 각종 머신을 자동화시킬 수 있는 로봇두뇌를 개발하는 브레인 코프(Brain corp), 클라우드 자료를 모아 인공지능으로 분석한 뒤 단말기를 통해 서비스를 제공하는 중국기업 클라우드마인즈(CloudMinds), 블록체인 기반의 게임 개발 플랫폼을 추구하는 영국의 임프로버블(Improbable) 등의 CEO 연설이 이어졌다.

그리고 손정의는 2016년 소프트뱅크가 240억 파운드, 한화로 약 35조 원을 들여 인수한 영국의 반도체 설계회사 ARM의 CEO

14

사이먼 시갈(Simon Segars)을 소개하면서 "인류, 우주에서 빼놓을 수 없는 존재다. 모든 기술의 페이스메이커(pace maker)이고 엔진이며 심장이다. 모든 기술의 진화를 책임지고 모든 것이 여기서 나온다."며 왜 그가 ARM 인수에 그렇게 공을 들였는지를 설파했다. ARM의 사이먼은 소프트뱅크와 함께 그리는 미래를 이렇게 얘기했다.

"모든 것이 주머니로 들어오는 시대가 됐다. 지금까지 출하한 반도체가 25년 간 1천억 개 정도이다. 그런데 이는 이제 시작에 불과하다. 다음의 1천억 개는 4년밖에 안 걸릴 것으로 본다. 협력사들과 함께 1초에 600개의 반도체를 만들고 있다. 큰 야심이 있다. 지금까지 전혀 없던, 상상만 됐던 세상을 현실로 만들고 싶다. 소프트뱅크와 함께한 이후로 같이 있는 게 재미있다. 앞으로 만들어질 1천억 개의 칩으로 아이들이 꿈꾸는 미래를 실현하고 싶다."

헬로DD는 "소프트뱅크가 전 세계를 대상으로 하는 글로벌 회사이고, 일본도 이제는 글로벌 파트너들과 글로벌 비즈니스를 전개한다는 선언을 하는 것과 같은 상징성을 보여줬다."고 이 행사의 의의를 설명했다.

정보혁명 다국적 연합군이 결성되다

소프트뱅크가 연합군을 결성해서 플랫폼전쟁에 뛰어들겠다는 선전포고를 한 셈이다. 손정의가 이끄는 소프트뱅크가 100조 원 규모의 비전펀드를 조성했고, 그 돈으로 거대한 제국을 만들려는 구상을 공개적으로 선포했기 때문이다. 이 펀드에는 사우디아라비아, 아랍에미리트, 애플, 퀄컴, 폭스콘, 샤프 등이 참여했는데, 실로 최강의 '정보혁명 다국적 연합군'이라 불릴 만하다.

이 사건은 선전포고다. 현재 미국과 중국, 그리고 영국과 독일 등의 유럽 기업들을 중심으로 펼쳐지고 있는 플랫폼전쟁에 일본 소프트뱅크가 연합군을 결성, 재무장해서 본격적으로 뛰어들겠다는 얘기다.

상황이 급격하게 돌아가고 있다. 땅이 요동치고 있고, 지각판이 갈라지고 서로 충돌하면서 비즈니스 생태계가 근원적으로 다른 환경으로 변하고 있는 대전환의 상황에서 현재 플랫폼전쟁에서 가장 유리한 고지를 점하고 있는 것은 미국 기업들이다. 구글, 애플, 페이스북, 아마존, 마이크로소프트, 그리고 공유경제 대표 격인 에어비앤비와 우버 등 미국의 플랫폼기업들의 기세는 꺾일 줄 모르고 상승하고 있다. 이 신흥기업들이 녹슬어가는 미국 전통산업의 러스트 벨트를 대체하면서 미국경제의 지탱목이 되어주고 있는 것이다.

영국도 변했다. 19세기 해가 지지 않는 나라라고 불렸지만 20세기 들어 침체에 빠졌던 영국의 저력은 그 뿌리가 깊다. 뉴턴, 셰익스피어, 애덤 스미스, 다윈 등 옛날사람들 얘기는 빼더라도 2차 세계대전 때 독일의 에니그마 암호를 해독하는 튜링머신을 만든 것도 영국이었고, 인터넷을 일반인들도 사용할 수 있는 하이퍼텍스트 프로토콜을 주창한 인터넷의 아버지라 불리는 팀 버너스 리도 영국인이고, 이세돌을 이긴 인공지능 알파고도 영국에서 개발된 것이다.

또 영국은 블록체인 기술에도 앞서가고 있다. 영국에는 창업생태계가 아주 잘 조성되어 있는데, 누구나 30분이면 회사를 설립할 수 있을 정도다. 단지 스마트폰만으로. 블록체인은 4차 산업혁명의 핵심이 될 것이다. 흔히 4차 산업혁명하면 빅데이터, 사물인터넷, 인공지능, 3D 프린터, 가상현실 등의 기술을 언급하지만 그것은 도구이지 본질이 아니다. 근저에 흐르는 원리가 블록체인이라는 알고리즘이다. 영국은 이것을 잘 이해하고 있고, 매우 적극적이다. 영국의 미래가 무서운 것이 이 때문이다.

제조업의 강국 독일은 이미 '인더스트리4.0'을 표방하며 제조업 르네상스를 이끌고 있다. '4차 산업혁명'이라는 용어도 실은 여기서 기인한 것이다.

미국이나 유럽만의 얘기가 아니다. 뒤쳐져 있는 줄 알았던 옆 나라 중국의 굴기는 두려움을 느끼게 할 정도다. 중국의 IT 기업들은 이미 세계 탑10의 절반에 육박하고 있는데, 1990년대 중국에 창업

열풍이 불 당시 시작해서 세계 1위의 유통업체가 된 알리바바, 미디어와 SNS, 게임 분야를 장악한 텐센트(텐센트는 카카오의 2대 주주이기도 하다), 구글의 영역을 넘보는 바이두, 새로운 제조업의 패러다임을 보여주는 샤오미, 화웨이, 레노버, DJI 등등, 중국은 더 이상 만만디 왕서방의 나라가 아니다.

중국기업들을 연구하면서 깜짝 놀란 적이 한두 번이 아니었다. 싸구려 짝퉁이나 만들어 내고 아날로그적 사물의 경제논리에 절어 있는 줄 알았던 중국이 놀랍게도 IT 강국이라 자부했던 한국보다 정보의 경제논리를 앞서 인식하고 있고, 트렌드를 잘 이해하고 있을 뿐 아니라 변화된 비즈니스 게임의 법칙과 원리를 꿰뚫고 있기 때문이다. 20세기 초 청(淸) 왕조의 멸망 이후 도광양회의 시절을 지낸 중국경제가 다시 일어서는 중이다. 그런데, '잃어버린 20년'의 터널을 빠져나온 일본도 본격적으로 플랫폼전쟁에 뛰어든 것이다.

달라진 게임의 법칙

대표적인 몇 개 나라의 예만 들었지만, 전 세계가 새로운 혁명의 시대를 준비하고 있다. 그런데 우리는 어떤가? 한국경제에 대한 우려의 목소리가 높아지고 있다. 세계 11위의 경제규모, 최고의 인터넷 인프라를 갖춘 IT강국, 한류 문화의 돌풍, 또 '메이드인코리아'

가 최고 품질의 상징이 되었음에도, 그러나 한국은 오히려 후진하고 있다. 세상의 변화 속도를 따라가지 못하기 때문이다.

세계의 비즈니스 리더들은 이구동성으로 한국이 4차 산업혁명에 뒤쳐지고 있다고 충고하고 있다. 2017년 5월 내한한 라피 아밋 와튼스쿨 석좌교수는 삼성이나 LG 등 한국의 대기업들이 "빨리 변화하지 않으면 실리콘밸리의 하청업체로 전락할 것"이라는 경고의 메시지를 던졌다. 스마트폰 잘 만들어 봐야 실제 돈 버는 건 구글이고, 현대기아차도 자동차를 잘 만들지만 기존 방식을 답습하고 있다고 지적한 것이다.

대기업만의 문제가 아니다. 중소기업의 경영자나 직원들을 만나보면 심각성을 느낄 수 있다. 일시적인 경기 침체 때문에 어려운 것이 아니라 아예 사업의 판 자체가 근본적으로 달라지면서 게임의 룰이 변하고 있기 때문이다.

더구나 한국은 벤처생태계가 황폐화되어 있다 보니 과거 10여 년 간 신흥 스타트업들의 성공사례가 없었던 것은 고사하고 잘 하던 벤처와 중소기업들마저 몰락하고 있는 상황이다. 바깥세상에서는 기존 가치사슬을 해체(unbundling)하는 창의적인 스타트업들이 비즈니스 생태계에 지각변동을 일으키며 선순환 고리를 만들어 가고 있는데, 우리는 대기업과 수출 중심의 경제구조에 안주하며 잠자고 있는 것 아닐까?

손정의는 100조 원이라는 전대미문 규모의 펀드를 조성해서 ARM, 엔비디아, 원웹, OSI소프트, 클라우드마인즈, 보스턴 다이나믹스, 나우토, 가던트 헬스, 플렌티 등에 투자하거나 인수했다. 그들은 누구이며 왜 손정의는 그들을 선택했을까? 손정의가 바라보고 있는 변화된 미래모습은 어떤 것이며 어떤 빅 픽처를 그리고 있는 것일까? 이런 궁금증들을 풀어가면서 4차 산업혁명의 본질에 대해 통찰하고 선전포고에 우리가 대비해야 할 것이 무엇인지 함께 점검해 보는 것이 이 책을 쓴 이유이다.

증기기관에서 인공지능으로

21세기 젠트리의 꿈

18세기 시작되었던 산업혁명은 인류 역사의 큰 획을 그은 대사건이었다. 증기기관의 발명으로 촉발된 산업혁명은 경제시스템의 일대 전환을 가져왔고, 사회구조를 변혁시키면서 사람들이 생각하고 살아가고 일하는 방식을 바꾸어 놓았다.

손정의는 제임스 와트가 증기엔진 발명에 전념할 수 있었던 것은 영국의 지주층이었던 젠트리 계급의 투자가 있었기 때문이었음을 지적한다. 그들의 자금과 자산은 기계, 철도, 토지, 선박 등에 투자되면서 새로운 시대를 여는 혁명 자금으로 활용됐고, 산업혁명은 새롭게 발명된 기술에 젠트리 계급의 자본이 결합되면서 일어났다. 손정의 자신이 21세기 젠트리가 되고 싶다면서 비전펀드를 조성한 것은 정보혁명을 일으키는 주동자가 되겠다는 비전의 발로임을 솔직히 고백한 것이다.

손정의는 사업초기부터 '디지털 정보혁명으로 사람들에게 공헌하겠다'는 뜻을 가지고 있었다. 초등학생 때는 교사가 장래희망이었는데, 한국 국적을 포기하지 않고서는 정교사가 될 수 없는 일본의 법률 때문에 사업가가 되겠다는 비전을 품는다. 그는 파나소닉을 만든 '마쓰시타 고노스케,' 혼다 차를 만든 '혼다 소이치로,' 소니 창업자인 '이부카 마사루' 등이 부러웠다고 하는데, 그들은 일본이 한창 산업화 물결에 올라탔을 때 회사를 창업했고 일본경제성장의 주역들이었다. 손정의는 그들이 사업을 할 수 있는 최상의 시대에 태어났다고 생각했고 자신의 시대에는 더 이상 기회가 없을 것이라고 안타깝게 생각했었다고 한다. 왜냐 하면, 이미 할 만한 사업들이 다 나왔고, 산업시대가 점점 저물면서 사업의 기회도 줄어들었기 때문이다.

그런데 그는 디지털 혁명을 감지한다. 한 장의 사진이 그의 인생을 바꿔놓게 된다. 미국 버클리 유학 시절 과학 잡지 〈포퓰러 일렉트로닉스(Popular Electronics)〉에 게재된 인텔의 8080 마이크로 칩 사진을 보고는 흥분을 감추지 못하고 눈물까지 흘렸다고 한다. 이것이 세상을 바꿔놓을 것이라 직감한 것인데, "인류가 드디어 이런 엄청난 일까지 해냈구나. 굉장한 감격을 느꼈다. 이 작은 부품 하나가 인류의 삶을 어떻게 바꿔갈지 상상하니 소름이 끼쳤다. 나는 결심했다. 그래, 컴퓨터다. 그 길을 가겠다." 그가 소프트뱅크를 창업하게 된 계기도 이 사진 때문이었던 것이다.

※ 사진출처 : Konstantin Lanzet

〈 인텔의 8080 마이크로 칩 〉

인텔 8080이 일으켰던 혁명

인텔의 1974년 작인 8080 마이크로 프로세서는 여러 청년들의 운명을 바꾸면서 세상에 혁명적인 변화를 가져왔다. 손정의뿐 아니라 빌 게이츠와 스티브 잡스의 인생도 바꾼 분수령적인 제품이었다. 사실상 최초의 개인용 컴퓨터라 할 수 있는 '알테어 8800'의 CPU였던 인텔 8080을 본 폴 앨런과 빌 게이츠는 알테어 8800에서 사용할 수 있는 베이직 언어 개발에 들어갔고, 아예 여기에 전념하기 위해 하버드도 중퇴하고 마이크로소프트를 창업한다. 또 스티브 잡스 역시 PC의 가능성을 감지하고 스티브 워즈니악을 꼬드겨 차고로 들어갔다.

이렇게 인텔 8080은 컴퓨터의 소형화, 개인화의 시대를 열었고, 1970년대 중반부터 PC화 물결이 일기 시작했다. 손정의는 버클리대 경제학부를 졸업하고 일본으로 돌아와 1981년 9월 소프트뱅크를 창업한다. 미국에서 일어난 PC화의 물결이 전 세계로 퍼져나갈 것을 확신했고, 일본에서 컴퓨터 소프트웨어를 유통하는 사업을 해야겠다는 결심을 한 것이다. 디지털혁명의 선구자가 되어야겠다는 생각의 싹이 이렇게 시작됐다.

손정의는 '소프트뱅크 월드 2017'에서 "지금은 거꾸로 잘됐다고 생각한다. 그때 태어나지 않고 지금 이 시기를 살고 있는 것을 말이다. 이전의 기업가들이 전혀 상상도 할 수 없는 시대이고 그런 사업을 하고 있다. 이 시기에 태어나 사업을 하고 도전하고 있는 것이 정말 행복하다."라고 말했는데, 정보혁명에서 새로운 사업 도전의 기회를 발견했다는 얘기다.

소프트뱅크의 시작부터 손정의의 머릿속에 있었던 키워드는 '정보혁명'이었다. 거기에 모든 것을 걸었고, 40년 간 일관되게 추구해 왔던 그의 '뜻(志)'이기도 하다. 그는 정보혁명을 지능의 확장이라 정의한다. 산업혁명은 인간 근육 능력의 확대를 가져왔다. 즉, 인간의 노동을 기계가 대체했고, 힘 좋은 노동자들이나 숙련공의 일자리를 빼앗았다. 19세기 초반 영국에서 기계를 파괴하자는 러다이트(Luddite) 운동이 일어난 배경도 여기에 있었다. 산업화 과정에서 등장한 방적기가 노동자들의 일자리를 빼앗는다며 수공업 노동자들 중심으로 기계를 부수고 공장 소유주 집에 불을 지르는 등 폭동을 일으킨 사건이었다.

마샬 맥루한은 〈미디어의 이해(Understanding Media)〉에서 미디어를 인간 신체의 확장이라 정의했는데, 기계가 인간 손과 발의 확장이라면 컴퓨터와 인터넷, 그리고 인공지능 등은 두뇌의 확장이다. 산업혁명이 인류에 새로운 지평을 열었듯이 지금 전개되고 있는 정보혁명은 산업혁명 이상이고, 인류를 상상하지 못했던 곳으로 데려갈 것이다. 그래서 손정의는 "이러한 변혁의 시대에 태어나고 도전할 수 있는 것은 행복한 일이다. 소프트뱅크는 새로운 기술에 리스크 머니를 투자해 정보혁명의 선구자가 되고자 한다."라고 말한 것이다.

손정의가 그리는 미래 모습

그는 '4차 산업혁명'이라는 용어를 쓰지 않는다. 사실 4차 산업혁명이라는 용어에 대해 논의가 좀 있다. 4차라는 구분이 적정한가라는 의문부터 정작 혁명의 진원지인 실리콘밸리 사람들은 이 용어를 별로 쓰지 않는데 2016년 다보스 포럼에서 화두로 나온 이후 한국에서 유독 유행어처럼 많이 쓰이고 있다고 얘기하는 사람들이 있다. 또 유럽이 제조업에서 주도권을 잡기 위한 마케팅전략이 아닌가 말하는 사람들도 있다.

그러나 중요한 것은 용어가 아니라 지금 혁명이 일어나고 있다는 사실이다. 확실히 변혁과 대전환이 일어나면서 근본적으로 달라지고 있는 것이다. 기존의 지식으로 해석되지 않는 현상들이 벌어지고 있고, 기존 방식이 더 이상 먹히지 않는 혁명이 일어나고 있다. 이 책에서는 '4차 산업혁명'이라는 용어를 사용할 것이다. 손정의는 '소프트뱅크 월드 2017' 기조연설에서 4차 산업혁명의 모습을 이렇게 그렸다.

"인터넷에 이어 다가올 세상은 IoT다. 모든 것은 연결된다. 그리고 그것은 인공지능(AI)에 의해 완결된다. AI는 지식과 계산만이 아닌 지혜를 가능하게 한다. 기술과 인간은 대립되는 존재가 아니다. 인공지능은 이미 바둑 등에서 인간을 뛰어넘었고 예술과 의학, 산업, 언어 등에 있어서도 큰 활약을 하고 있다. 교통 정체의 25%가 교통 데이터를 해석하며 해결됐다. 인공 지능이 학습하고 더 나아가 사람이 행동하기 전에 예측하는 것이 가능해졌다. 이러한 것을 가능하게 한 것은 데이터다. 데이터는 산업혁명 시대의 석유와 같은 자원이다. 데이터를 모으고 더 중요한 것은 분석하는 것이다."

그가 말한 세 가지 키워드는 사물인터넷(IoT), 그리고 인공지능과 빅데이터다. 그가 그리고 있는 빅 픽처를 완성하기 위해 ARM을 인수하고 원웹 등에 투자한 것이다. 또한 그는 로봇에 대한 애정을 숨기지 않았다. 그동안 소프트뱅크가 추구해온 '페퍼' 로봇사업에 인공지능을 융합하겠다는 의지를 이렇게 표출했다.

"초지성을 가진 로봇과 같이 길을 걷고 함께 별을 본다. 현재의 페퍼 버전 1, 2는 많이 부족하다. 그것이 페퍼 버전 20, 30, 100 등으로 진화하면서 인간과 함께할 것이다. 로봇과 함께 세계를 변화시키고 싶다. 모든 산업이 재정의되는 시대가 됐다. 신문과 방송이 인터넷으로 됐듯, 앞으로는 의료, 교통, 농업 등의 모든 산업이 재정의될 것이다."

손정의는 정보혁명 시대의 젠트리가 되고 싶다는 비전을 가지고 있다. 정보혁명을 견인하고 인류에 가장 공헌하는 기업이 되겠다는 것인데, "이런 이유로 10조 엔의 소프트뱅크 펀드를 만들었다. 이는 2016년 세계 전체 벤처 펀드 7조 엔의 1.6배 규모다. 중국이 이야기하는 AIIB 규모를 소프트뱅크 1개사가 했다."라고 말한다.

소프트뱅크가 지금까지 모든 투자를 성공했던 것은 아니다. 알려지지 않아서이지 실은 실패사례가 더 많았다. 손정의는 기업가정신이 투철한 사람이다. 의도적으로 리스크를 취하는 경우가 많다. 4차 산업혁명 시대 그의 계획은 어떤 결말을 맞을까?

디지털의 역사와 4차 산업혁명

3차 산업혁명의 트리거

정보혁명은 디지털과 궤를 같이 한다. 손가락을 의미하는 'digit'에서 파생된 디지털의 최소단위는 0과 1, 즉 비트(bit)다. 원자(atom)가 최소단위인 아날로그에 대비되는 개념인데, 그래서 디지털의 세계에서는 뉴턴의 물리법칙이 적용되지 않는 일들이 발생하곤 한다. 시공간의 개념도 다른 한 마디로 이상한 나라, 원더랜드다.

이것이 산업시대의 비즈니스 방식이 먹히지 않는 이유다. 이 책을 읽는 독자 대부분은 학교 다닐 때 산업시대의 경영방식을 공부했고 사고방식도 거기에 맞춰져 있을 것이다. 또 내부에 아직도 기존의 패러다임이 만연되어 있는 회사들이 많다. 이젠 기존과는 다른 이상한 생각들을 많이 해봐야 한다.

디지털의 역사는 컴퓨터에서 시작되었다. 컴퓨터의 발전 속도는 놀라웠다. 본디 컴퓨터는 제2차 세계대전 이후 전자계산기를 만들려는 의도에서 시작되었었는데, 당시의 컴퓨터는 진공관 타입이어서 부피도 엄청 큰 반면 성능은 지금의 전자계산기 수준에도 미치지 못했다고 한다. 1950년대까지 0과 1을 제어하는 데 사용되던 진공관은 1960년대에는 트랜지스터로 대체되었고, 1970년대 들어 반도체 기술의 발달로 IC(Integrated Circuit, 집적회로) 시대를 거치면서 크기나 속도 면에서 빠른 속도로 진화해 가고 컴퓨터는 다른 모습으로의 변신을 시작했다.

이런 점에서 인텔의 8080 마이크로 프로세서는 3차 산업혁명을 일으킨 트리거라 할 수 있다. 1970년대부터 개인용 컴퓨터(PC: Personal Computer)에 대한 연구개발이 시작되었고, 많은 회사들이 PC 개발에 박차를 가한다. 앞에서 얘기했듯이 마이크로소프트와 애플 등이 이러한 트렌드를 예측하고 PC 시장에 뛰어든 것이다.

1980년대 들어 본격적으로 PC의 시대가 열리면서 IBM이 만들던 슈퍼컴퓨터는 특수기관이나 기업들의 데이터 센터에서나 볼 수 있는 것으로 들어가 버렸고, 컴퓨터업계의 지각변동이 시작된다. PC로의 시장변화에 적절히 대응하지 못했던 IBM의 주가는 떨어지기 시작한 반면, 1980년대 PC 시장의 폭발적 성장은 마이크로소프트나 인텔, 그리고 애플 등의 신흥기업들에게 역전의 기회를 제공했다.

청년 손정의가 1981년 소프트뱅크를 창업한 것도 쏟아져 나오는 소프트웨어를 유통하는 사업이 폭발적으로 성장하리라고 전망했기 때문이었다. 이렇게 1980년대는 개인용 PC가 보급되면서 기업 전산실에 있던 컴퓨터가 사무실과 집으로 들어갔고, 시장이 성장하면서 소프트웨어 수요도 늘어난 시기였다. 결국 소프트뱅크는 1994년 상장에 성공한다.

이상한 나라에 빠지다

1990년대 들어 대형사고가 터졌다. 인터넷이다. 사실 인터넷은 어느 날 갑자기 하늘에서 뚝 떨어진 게 아니다. 1969년 미국 국방성에서 군사 목적으로 개발된 아르파넷(ARPANET)이 원조였는데, 군사와 연구 목적으로 폐쇄적으로 운영되던 통신 네트워크가 일반인들도 쓸 수 있게 된 것은 팀 버너스 리라는 영국인에 의해서다. 하이퍼텍스트를 전송 프로토콜(http)로 정하면서 1990년대 들어 인터넷은 순식간에 일반인들에게도 확산된다.

PC가 본격적으로 보급되어 개인화된 컴퓨팅 인프라가 조성되자 인터넷이 전 세계를 거미줄로 묶어 버린 것이었다. 그때부터 세상은 이상한 나라로 변해 갔다. 인터넷 이전과 이후의 세상은 판연히 다른 모습이었다. 사람들의 라이프스타일이 달라지기 시작했고,

비즈니스 생태계에도 이상 징후들이 나타났다. 즉, 디지털 상품이라는 신종들이 출현했고, TV나 신문, 책 등 매스미디어의 영향력이 약화되면서 뉴미디어로의 힘의 이동(power shift)도 일어났다. 그뿐만이 아니다. 인터넷의 타격으로 백과사전의 대명사였던 브리태니커의 250년 된 깊은 뿌리가 순식간에 뽑혀 버렸고, 전통 굴뚝산업들은 레드오션으로 침몰하는 반면, 넷스케이프(1993년), 야후(1995년), 구글(1998년), 알리바바(1999년) 등 상품 같지 않은 상품을 만들고 세일즈도 하지 않는, 쉽게 말해 과거 비즈니스 상식으로는 도저히 이해되지 않는 이상한 벤처들의 기업 가치는 상상을 초월할 정도로 치솟았다. 그들은 이상하게도 잘 됐다. 생태계가 변하면서 비즈니스의 문법도 바뀐 것이다.

손정의가 트렌드를 읽는 통찰력은 대단하다. 손정의는 소프트웨어 유통에서 번 돈을 인터넷 관련 사업에 투자하기 시작했다. 당시에는 사람들이 알아주지도 않던 제리 양(Jerry Yang)과 만나 피자와 콜라를 시켜먹으면서 야후의 주식을 매입했고, 일본에 야후저팬을 설립한다. 포털 사이트의 잠재력을 예측한 것이다. 향후 야후는 구글의 영향으로 쇠락의 길을 걷게 되는데도 야후저팬은 건재하다. 또 야후저팬은 야후의 검색엔진 대신 구글을 삽입하는 유연성도 보였다. 우리로 치면 네이버에서 구글 검색창을 쓰는 격이다.

또 손정의는 중국 알리바바에 투자했다. 생각해 보라. 알리바바

32

가 창업되던 1999년 중국은 인터넷 불모지와 같았다. 그런데 마윈이라는 사람을 보고 리스크 투자를 감행한 것이다. 알리바바가 2014년 뉴욕증시에 상장하면서 마윈은 중국에서, 손정의는 일본에서 최고의 갑부가 된다.

4차 산업혁명은 집단지능과 인공지능의 융합이다

21세기 뉴 밀레니엄에 들면서 또 다시 새로운 기운이 세상을 감싸기 시작했다. 20세기 말 급속히 확산된 인터넷 인프라가 만들어낸 월드와이드웹(www) 생태계가 진화하면서, 블로그와 SNS 등이 발달하고 웹2.0 환경으로 변해 갔다. 그러자 손정의는 또 움직였다. 다국적 이동통신사인 보다폰의 일본법인을 인수하면서 인터넷 통신사업에 뛰어든 것이다(이는 향후 소프트뱅크 모바일로 이름이 바뀌었다. 또 2013년에는 26조 원을 투자해서 미국의 3위 이동통신사인 스프린트도 인수하면서 버라이즌, AT&T와 경쟁을 벌이고 있다).

그러다 2008년경 변화의 모멘텀이 생긴다. 애플의 아이폰이 나온 2007년은 스마트폰의 원년이라 할 수 있는데, 스마트폰 시장이 열리면서 모바일 시대가 시작된 것이다. 또 2008년 리먼 브라더스 파산으로 촉발된 미국 금융위기가 전 세계불황으로 이어지게 되는데, 금융위기는 에어비앤비, 우버 등 공유경제 사업모델들에게 날개를 달아주게 되었고, 사토시 나카모토라는 가명의 개발자가 블록체인 기반의 비트코인이라는 전자화폐시스템을 만든 것도 이 무렵이었다. 21세기 들면서 생태계가 격동하게 된 것이었다.

한편 기술의 혁신도 가속도가 붙었다. 클라우드, 빅데이터, 사물인터넷, 인공지능, 로봇, 가상현실, 3D 프린터, 자율주행 자동차, 블록체인 등 신문물이 산업문명의 유물들을 대체해 가기 시작했고, 다보스 포럼은 '4차 산업혁명'이라는 단어를 2016년의 화두로 던졌다. 증기기관이 일으킨 1차 산업혁명, 20세기 들어 전기, 미디어 등이 일으킨 2차 산업혁명, 그리고 디지털과 인터넷이 세상을 뒤집어 놓은 것을 3차 산업혁명이라 한다면, 지금 일어나고 있는 대전환을 4차 산업혁명이라 표현한 것이다.

나는 4차 산업혁명을 집단지능(Collective Intelligence)과 인공지능(Artificial Intelligence)의 융합이라 정의한다. 4차 산업혁명하면 언급되는 클라우드, 빅데이터, 사물인터넷, 인공지능, 로봇, 가상현실, 3D 프린터, 자율주행차 등은 기술이지 본질이 아니다. 인터넷이 만들어 낸 월드와이드웹이 집단지능을 잉태했고, 공유경제와 블록체인에서 집단지능을 가진 거인의 실체를 드러냈다. 여기에 스스로 진화를 거듭하고 있는 인공지능이 충돌하고 융합되면서 무서운 일이 벌어지게 된다. 여기서 나오는 에너지는 핵폭발로 이어지고, 비즈니스 생태계뿐 아니라 문명을 이동시키면서 호모 사피엔스의 삶의 양식도 바꿔놓을 것이다. 이것이 4차 산업혁명의 본질이다.

손정의가 긴 칼을 빼든 이유가 여기에 있다. "이 시기에 태어나 사업을 하고 도전하고 있는 것이 정말 행복하다."고 말한 것도 이런 대전환이 그의 승부본능을 자극했다는 얘기다. 그가 100조 원의 비전펀드를 모으고 대규모의 위험투자를 감행하는 이유는 같은 마음을 가진 기업가를 모아 혁명하자는 것이다.

4차 산업혁명의 트리거는 당겨졌다. 혁명이란 명(命)이 바뀐다는 뜻인데, 자칫 지난 50~60년 간 성장해 온 대한민국의 운명이 달라질 수도 있는 심상치 않은 조짐이 나타나고 있는 것이다. 이상한 나라(Wonderland)에서는 다르게 생각하고 이상하게 행동해야 한다. 고정관념을 버리고 사고의 틀도 깨뜨리고 비즈니스 모델도 리모델링해야 한다. 스스로 혁신하지 않으면 혁명군에 의해 강제적으로 혁신당한다. 이것이 역사가 우리에게 주는 교훈이다.

2

사물인터넷(IoT)의 미래에 투자하다

> 66 인터넷에 이어 다가올 세상은
> 사물인터넷(IoT)이다.
> 모든 것은 연결된다.
> 그리고 그것은 인공지능(AI)에 의해 완결된다. 99

사물인터넷의 씨앗

인터넷이 바꾼 세상

손정의는 "인터넷에 이어 다가올 세상은 사물인터넷(IoT)이다. 모든 것은 연결된다. 그리고 그것은 인공지능(AI)에 의해 완결된다." 라는 말로 사물인터넷 시대 도래에 대한 확신을 표현했다. 그가 투자한 펀드 금액의 70% 이상이 사물인터넷, 빅데이터, 클라우드, 인공지능 분야인 것을 봐도 확고한 의지를 읽을 수 있다. 사물인터넷이 뭐 길래, 그렇게 대단한 것인가?

1990년대 인터넷은 사람을 연결시키는 것이었다. 즉, 사람인터넷이라 할 수 있다. 그때부터 개인들이 가지고 있는 PC는 인터넷이라는 통신 네트워크를 통해 연결되었고, 지구인들은 자료와 정보를 주고받으면서 집단지성을 만들어 왔다.

호모 사피엔스의 역사를 보면, 대전환을 일으키며 문명까지 바꾼 굵직굵직한 사건들이 있어 왔는데, 우리가 가장 최근에 만난 사건이 인터넷 아닐까? 1990년대 일반인들에게 인터넷이 보급되기 시작하면서 마른 들판에 불 번지듯 순식간에 확산되었고, 그 이후 혁명 같은 변화가 일어나면서 지구는 다른 세상이 되어 버렸다. 불과 20~30년 사이에.

어릴 적부터 인터넷 환경에서 자라온 젊은 세대들은 뭐 당연한 것 아닌가 생각하겠지만, 인터넷이라는 대지진은 땅을 갈라지게 하고 지각판도 뒤집으면서 사람들의 가치관이나 라이프스타일뿐 아니라 사회시스템, 그리고 비즈니스 생태계까지 요동치게 만들었다. 200여 년 전, 산업문명을 탄생시킨 산업혁명에 비견될 만한 대형사건임에 틀림없고, 3차 산업혁명이라 불릴 만했다.

그런데, 세상을 이렇게 바꾼 것은 실은 인터넷이 아니라 웹(web)이다. 흔히 인터넷과 웹을 같은 개념으로 혼동하지만, 다른 차원의 개념이다. 인터넷은 고유명사가 아니다. 상호간을 의미하는 'inter'와 네트워크 'net'의 합성어인데, 서비스를 제공하는 중심이 되는 호스트 컴퓨터도 없고 중앙집권적으로 컨트롤하는 조직도 없기 때문에 붙여진 일반명사일 뿐이다. 즉, 자율적이고 오픈되어 있는 분산시스템인 셈인데, 이러한 컴퓨터통신 네트워크의 인프라스트럭처 위에 월드와이드웹 −줄여서 웹이라 부른다− 생태계가 조성된 것이다. 한 마디로 정리하자면, 인터넷은 사물적 요소 (hardware)이고 웹은 정보적 요소(software)다.

인터넷의 뿌리는 깊다

그러나 엄밀히 말하자면, 세상을 뒤집어 놓은 핵은 하이퍼텍스트 (hypertext)라는 프로토콜이다. 우리는 매일 인터넷 주소창에서 'http://www'라는 문자를 접한다. http는 'hyper-text transfer protocol'의 축약어인데, 통신을 위한 프로토콜이 하이퍼텍스트라 는 의미다. 통신 프로토콜이란 컴퓨터나 통신 장비 사이에서 메시 지를 주고받는 양식과 규칙의 체계를 뜻하는데, 하이퍼텍스트 프로 토콜 이전에도 TCP/IP 프로토콜을 가지고 서버와 클라이언트 사 이의 파일 전송을 하기 위한 FTP(File Transfer Protocol)나 전자메일을 보내고 받는 데 사용되는 SMTP(Simple Mail Transfer Protocol) 등이 활 용되고 있었다.

일반인들도 인터넷을 사용하기 시작한 것은 1990년대 초중반이 었지만 인터넷은 이때 갑자기 튀어나온 것이 아니다. 인터넷의 전 신은 1969년 군사 목적으로 만들어진 아르파넷(ARPANET)이라는 통 신 네트워크였다. 즉, 인터넷이라는 용어를 쓰기 이전인 1970~80 년대에 ARPANET 외에도 USENET, BITNET 그리고 CSNET 등 여러 가지 통신네트워크들이 미 국방성이나 연구소 등에서 쓰이고 있었다. 당연히 이때는 기밀유지가 중요했고 통신네트워크도 폐쇄적일 수밖에 없다 보니 일반인들은 네트워크에 접근할 수 없었던 것이다.

일반인들도 통신네트워크를 사용할 수 있게 된 것은 인터넷의 아버지라 불리는 팀 버너스 리(Tim Berners Lee)에 의해서였다. 팀 버너스 리는 1955년 영국에서 태어나 옥스퍼드에서 물리학을 전공하고 1980년대 CERN(유럽핵물리연구소)의 연구원으로 근무하고 있었다. CERN과 같은 연구소에서는 이전부터 당연히 컴퓨터통신 네트워크를 사용했다. 연구의 효율성을 높이려면 정보를 서로 공유해야 하고, 컴퓨터 간에 통신망을 깔고 메일이나 문서 파일 등을 주고받아야 하니까. 또 수천 명의 CERN의 연구원들이 만들어 내는 연구자료들을 잘 통합 관리하는 것도 중요한 일이었다. 그런데, 과거에는 연구보고서를 쓰면 도서관이나 자료실에 보관하고 디렉토리별로 분류해서 관리했는데, 수천 명이 쏟아내는, 그래서 점점 쌓여가는 방대한 데이터를 감당할 방법이 없는 것이다.

팀 버너스 리가 이 문제를 고민한다. 대학 때부터 컴퓨터를 좋아했고, 잠시 통신회사와 이미지 컴퓨터 시스템 회사에서 일하면서 데이터 네트워크에 관한 경력을 쌓은 경험이 있었던 팀 버너스 리는 1984년 CERN에 복직해서 연구소 정보 검색 시스템 구축 작업을 맡게 된다.

1980년대는 한창 컴퓨터가 개인화되던 때였는데, 연구원 개인들의 PC를 연결해서 서로 정보를 공유하고, 또 만들어 내는 연구 페이퍼들을 도서관이나 자료실이 아닌 컴퓨터상에 모으고 분류하고 검색할 수 있는 효율적인 정보시스템을 고민했던 것이다.

팀 버너스 리, 하이퍼텍스트를 계승하다

그러나 이런 문제는 사실 팀 버너스 리가 처음 고민했던 것은 아니다. 바네바 부시(Vannevar Bush)는 1945년 'As we may think'라는 논문에서 정보 분류의 문제점을 지적했었다. 정보는 계속 홍수처럼 쏟아져 나와 바다를 이루는데 기존의 정보 분류(indexing) 시스템은 돛단배 수준에서 못 벗어나고 있다는 것이다. 그는 우리가 생각하는 방식이 체계적이 아니라 종잡을 수 없다는 점에 착안해서 메멕스(memex)라는 인간의 기억장치를 응용한 새로운 분류시스템도 고안한다.

과학이 평화를 위해 쓰이려면 연구 성과를 공유하는 집단지성이 필요하다는 바네바 부시의 논문에서 영감을 얻어 메멕스를 한 단계 발전시킨 사람이 사회학자 테드 넬슨(Ted Nelson)이었다. 테드 넬슨이 1960년부터 발족한 제나두 프로젝트(Project Xanadu)는 최초의 하이퍼텍스트 프로젝트였다. 그는 처음으로 하이퍼텍스트라는 용어를 사용했는데, 하이퍼텍스트란 '초월한(Hyper)'과 '문서(Text)'의

합성어로, 문서들을 중첩시켜 다른 말로 하면 하이퍼링크를 통해 여러 문서를 넘나들 수 있도록 하는 것이다. 즉, 이전에 정보를 분류하고 보관하던 방식은 선형적이고 체계적인 것이었는데 반해, 하이퍼텍스트란 비선형적으로 체계를 초월해서 마구 링크시키는 것을 의미한다.

테드 넬슨의 제나두 프로젝트는 비록 완성되지 못했지만 팀 버너스 리에 의해 계승되어 웹으로 구현되었다. 팀 버너스 리는 1989년 "링크로 연결된 문서조각들의 거미줄이 고정된 계층구조보다 한층 더 유용하다."고 하면서 하이퍼텍스트를 통신 프로토콜로 채택할 것을 주창했고, 지금 우리가 사용하는 인터넷 언어인 HTML, 그리고 관련 소프트웨어를 만든다. 팀 버너스 리는 WWW, 즉 월드와이드웹이라는 개념을 만들었고, 1994년부터 월드와이드웹 컨소시엄(W3C)을 설립해서 이끌고 있다.

웹은 인터넷이라는 통신 기술에 하이퍼텍스트를 접목해 각 서버에 흩어져 있는 정보를 하나로 모은 것이며, 우리는 오늘날 하이퍼텍스트로 구성된 웹 페이지에서 정보를 얻고 하이퍼링크를 통해 여러 웹 페이지를 이동한다.

이렇게 하이퍼텍스트는 순차적인 정보의 분류체계를 개인들의 손가락에 맡겨 넘겨주었고, 누가 누구와 연결될지 모르고 어떻게 융합돼서 어떤 결과가 나올지 예측하기 어렵다. 순차적인 세계

(world of sequence)를 모호함의 세계(world of blur)로 바꾼 것이다. 이
것이 인터넷이 불확실성이 높은 복잡계를 낳을 수밖에 없는 태생적
이유이기도 하다.

지금까지의 인터넷이 사람을 연결시켰다면 지금부터의 인터넷은
사물을 연결시켜가고 있다. 이렇게 사물인터넷은 이미 오래 전 씨
앗이 뿌려져 있었고, 오랜 시간 땅속에서 자라오다가 인공지능, 빅
데이터, 클라우드 등 4차 산업혁명 기술들과 결합되면서 본격적으
로 몸통을 드러내고 있는 것이다.

사물인터넷의 본질

연결과 융합의 시대가 도래하다

하이퍼텍스트가 낳은 패러다임은 연결과 융합이다. 뒤죽박죽 마구잡이로 연결시키면서 기존 경계와 체계를 허무는 융합을 일으켰다. 그러면서 가치체계와 가치창출방식도 달라졌다. 산업시대 가치는 생산과 유통에서 만들어졌지만 이젠 연결과 융합에서 가치가 나오는 패러다임의 이동이 일어난 것이다.

착실하고 순종적인 모범생 이미지와는 거리가 먼, 어디로 튈지 모르는 야생마 같은 하이퍼텍스트는 결국 인류를 이상한 나라에 빠트렸다. 그곳은 시공간의 구조가 달랐고 학교에서 배웠던 뉴턴의 물리법칙도 적용되지 않는다. 새로운 기회의 땅에 사람들이 몰려들었다. 재빨리 웹브라우저를 만든 넷스케이프(Netscape)는 1994년 상장하면서 졸지에 백만장자의 대열에 오를 수 있었고, 전자게시판을 포털로 전환한 야후(Yahoo), 온라인 상거래의 잠재성을 확신한 이베이(eBay)와 아마존(Amazon) 등의 창업도 90년대 중반이었다.

서핑에서 서치로의 인터넷 사용행태의 변화를 감지한 구글은 1998년에 창업한 이후 10년도 지나지 않아 애플과 세계 1, 2위를 다투는 기업으로 폭풍 성장했고, 마윈(馬云)은 1999년 인터넷 불모지와 같았던 중국에서 알리바바를 창업했다. 이 당시는 대규모의 가치이동이 일어나던 때였다. 하이퍼링크의 힘으로.

반면 생산과 유통에 길들여져 있던 전통산업들은 레드오션으로 빠져들면서 기업 간의 역전이 일어났다. 2000년도에는 미국의 AOL과 타임워너사와의 합병 사건이 있었는데, AOL이 메이저가 되었다는 것은 쇼킹한 뉴스였다. AOL(America On Line)은 미국 내에서 가장 많은 회원을 확보하고 있으면서 온라인 콘텐츠를 제공하는 실력 있는 온라인기업이었지만, 타임지와 워너브라더스 영화사, CNN, HBO, 그리고 음반사, 출판사, 오락산업 등을 거느린 미디어 제국이라 불리는 타임워너(Time Warner)에 비하면 역사나 기업규모 면에서 작은 회사 정도로 인식되던 벤처에 불과했다. 실제 대차대조표상 자산 가치로 따져도 타임워너의 약 1/4밖에 안 되었다. 그러한 AOL이 오히려 메이저로 합병한다는 것은 몇 년 전까지만 하더라도 상상하기 어려웠던 일이었다. 두 회사는 기업문화의 갈등을 이겨내지 못하고 2009년 다시 분리되었지만, 이렇게 20세기 말은 비즈니스 생태계가 요동치면서 역전과 가치이동이 일어나던 변혁기였다. 손정의도 이 당시 야후와 알리바바에 투자하면서 기회를 잡았었고 본격적으로 인터넷 사업에 뛰어들었던 것이다.

21세기 뉴 밀레니엄에 들면서 새로운 기운이 세상에 감돌기 시작했다. 일반인들은 정보의 생산자가 만들어 놓은 콘텐츠를 소비만 하던 행태에서 벗어나 블로거들의 정보 생산 활약이 활발해지면서 블로그 생태계(blogsphere)가 조성되었고, 2004년경부터는 마이스페이스, 페이스북, 트위터, 유튜브 등 소위 SNS 스타트업들의 골드러시가 이어졌다. 팀 오라일리(Tim O' Reily)는 이러한 현상을 웹2.0이라 불렀고, 돈 탭스콧은 집단지성형 백과사전이라 할 수 있는 위키피디아를 보면서 위키노믹스(Wikinomics)라는 경제신조어를 주창했다.

IoT란 스마트폰의 분산화와 사물의 지능화다

그러던 와중에 스마트폰이 대형 사고를 친다. 2007년 애플의 아이폰이 출시되면서 그렇게도 열리지 않던 스마트폰 시장이 터졌다. 그리고 본격적인 모바일 시대로 변한 것이다. 그게 뭐 그리 대단한 거냐 할지 모르겠지만 모바일은 단지 인터넷 선을 잘라버린 정도가 아니다. 또 스마트폰은 노트북을 축소해 놓은 물건도 아니다. 스마트폰에는 GPS나 가속도 센서, 자이로센서 등 각종 센서와 장치들이 들어 있어서 노트북으로 할 수 없는 일들을 가능케 한다. 과거 007요원들이나 들고 다니던 첨단기기를 지구인들이 하나씩 손에 들고 다니는 시대가 된 것이다.

처음 스마트폰이 나왔을 때 '스마트폰이 내 라이프스타일을 바꿔놓았다.'라고 말한 사람들이 많았다. 스마트폰은 우리의 생활양식뿐 아니라 기업의 일하는 방식이나 마케팅에도 큰 변화를 일으켰다. 스마트폰을 만난 SNS 등 소셜미디어는 더 거세게 퍼져나가면서 웹2.0 환경은 무르익어 갔고, 모바일경제라는 개념도 생겨났다.

그런데 스마트폰이 또 다시 진화하고 있다. 스마트폰 보급률이 높아졌고, 하드웨어 기기로서의 스마트폰 시장은 성숙기를 넘어 포화기를 향해 가고 있다. 또 사실 말이 폰이지 통화보다는 다른 용도로 더 많이 쓰인다. 벌써부터 '넥스트 스마트폰(next smartphone)'이라는 용어가 회자되고 있다. 앞으로 5년 후면 스마트폰이 사라질 것이라는 얘기는 묘하게도 설득력이 있다. 적어도 지금 형태의 스마트폰은 아닐 가능성이 커지고 있다.

반도체 기술과 IT의 발전이 가속도가 붙으면서 가격도 내려갔고, 이런 추세라면 스마트폰은 더 작아지고 여러 군데로 분산될 수 있다. 스마트 시계, 안경, 옷, 의료기 등 웨어러블 기기들이 늘어나고 스마트홈, 스마트카 등은 이미 우리 일상 속으로 들어와 있다. 이제는 생활용품을 넘어 공장의 기계와 장비, 거리에 있는 건물과 설치물들도

48

스마트해지고 있다. 조만간 세상의 모든 사물들에 컴퓨터 칩이 들어가고 인터넷 통신망으로 연결되면서 지능이 생기게 될 것이다. 이것이 손정의가 내다보고 있는 사물인터넷 시대의 모습이다.

1990년대 인터넷, 그리고 21세기 들어 스마트폰, 이렇게 뿌리가 자라나고 뻗어 나오면서 사물인터넷으로 진화한 것이다. 사물인터넷(Internet of Things, 약어로 IoT)은 모든 사물에 센서와 통신 기능을 내장하여 서로 연결하는 기술을 의미한다. 즉, 사람뿐 아니라 모든 사물들에게 스마트폰 하나씩 쥐어주는 것이 사물인터넷이라는 말이다.

손정의나 모든 플랫폼기업들이 IoT를 미래성장 동력으로 여기는 이유는 연결로부터 새로운 가치가 나오기 때문이다. 1990년대 사람들이 연결되면서 가치의 이동이 일어났듯이 사물들이 연결되면 또 한 번 요동치게 될 것이다. IoT의 핵심은 삶과 업무의 효율성과 편의성을 높이는 정도가 아니라 거기로부터 가치가 나오는 화수분 같은 것이 된다는 데에 있다. 즉, 지능을 갖게 된 IoT 기기들이 쏟아내는 빅데이터를 분석해서 가치로 전환하는 데에서 가치가 창출되는 방식으로 가치방정식이 달라지고 있는 것이다.

1990년대의 사람인터넷의 본질이 융합(convergence)이었다면 사물인터넷의 본질은 지능(intelligence)에 있다. 사물에 지능을 불어넣는 것이 IoT이고, 지능을 부여받은 사물들이 스스로 가치를 창출하는 세상이 손정의가 그리고 있는 4차 산업혁명의 빅 픽처다.

사물인터넷 사업의 포석을 놓다

저전력 프로세서의 강자, ARM를 인수하다

손정의는 2016년 영국 케임브리지에 본사를 둔 세계 2위 반도체 설계회사 ARM 홀딩스를 234억 파운드, 한화로 약 35조 원에 인수했다. 모험적인 투자였다. 인수하면서 손정의는 "IoT는 모바일 인터넷에 필적하는 새로운 패러다임이다. 스마트폰 등 모바일뿐만 아니라 가전, 자동차, 인프라 등 모든 사물에 반도체가 탑재되는 IoT 시대에 ARM 프로세서 수요는 폭발적으로 증가할 것이다. 소프트뱅크의 주력인 휴대폰 사업과 미래 먹거리 커넥티드 카 분야에서 시너지 효과를 낼 것"이라고 인수 배경을 설명했다.

인수자금을 마련하려고 알리바바의 주식을 팔면서까지 ARM에 올인한 것은 사물인터넷 시대 반도체 수요가 폭발할 것을 예측했기 때문이다. ARM은 어떤 회사인가?

ARM은 1985년 영국 캠브리지 대학 연구실에서 시작된 회사다. 당시는 PC 시장이 한창 성장하고 있던 때였는데, 캠브리지 연구실에서 RISC(Reduced Instruction Set Computer)라는 CPU 설계방식(architecture)을 개발한다. 당시 CPU 명령어들은 포맷이나 길이가 중구난방이고 너무 길어서 효율이 떨어지는 문제점을 안고 있었다. 이것을 일정하게 줄여서(reduce) 하드웨어를 단순하게 만드는 설계방식이 '축소 명령어 집합 컴퓨터' RISC의 개념인데, ARM 마이크로 프로세서가 전력사용량을 절감하는 것이 여기서 기인하는 것이다.

〈 ARM 〉

원래 ARM이라는 브랜드는 Acorn RISC Machine의 축약어인데, 1990년 벤처회사로 설립되면서 Advanced RISC Machine으로 바꾼다. 그러나 ARM은 인텔의 그늘 아래에서 오랫동안 빛을 보지 못했다. 인텔과 마이크로소프트는 IBM의 납품업체였는데, 대형컴퓨터에서 개인컴퓨터로 지각변동이 일어나던 1980년대 인텔과 마이크로소프트가 급부상한다. 반면 PC로의 전환에 적절히 대응하지 못했던 IBM은 곤두박질을 쳤다. 슬라이워츠키는 〈가치이동〉에서 당시의 상황을 이렇게 언급하고 있다.

"IBM은 컴퓨터 업계 가치사슬의 핵심적 사업들을 그 납품업체인 마이크로소프트와 인텔에게 빼앗겼음을 뒤늦게 깨달았다. 대규모의 가치가 상류부문인 납품업체들로 … '가치이동'을 일으키고 있었다."

트렌드를 읽지 못하고 고정관념과 근시안, 즉 마이오피아에 빠지는 것이 가치를 빼앗기는 결과를 낳았다는 얘기다. 1993년에 IBM의 CEO가 되어 IBM의 부활을 주도했던 루 거스너가 쓴 〈코끼리를 춤추게 하라〉에서 노쇠한 IBM을 처음 만났을 때 IBM의 "문제는 틀에 박혀 있다는 것이다."라고 지적했다. 관료적이고 비현장적이었던 당시의 기업문화가 IBM이 위기를 맞은 원인이 되었던 셈인데, 1990년대 후반 컴퓨터 제조사(computer maker)가 아니라 솔루션 제공자(e-solution provider)로 자신의 정체성을 바꾸면서 코끼리가 다시 춤을 출 수 있었다. 혁명은 누구에게나 닥칠 수 있는 문제다.

이렇게 인텔과 마이크로소프트는 PC화의 물결에 올라타면서

'윈텔(Window+Intel)'이라는 신조어도 만들어 냈다. 우리가 사용하는 PC는 대부분 운영체제는 윈도우, CPU는 인텔 제품을 쓰고 있듯이 윈도우와 인텔 연합군 진영인 윈텔은 약 20년 간 PC 업계를 장악했다.

그러다 스마트폰이 나오면서 상황이 역전되기 시작했다. 대부분의 사람들이 느끼는 스마트폰의 문제가 배터리다. 다른 기술들에 비해 배터리 기술은 발전 속도가 늦다 보니 10년 전 사용하던 피처폰과 현재 사용하고 있는 스마트폰의 배터리 크기는 거의 차이가 없다. 물론 배터리 성능은 향상됐지만 소형화하는 데 한계가 있는데, 때문에 전력 소모가 적은 저전력 프로세서인 ARM이 스마트폰이나 태블릿PC에서 각광을 받게 되었고, 윈텔 진영의 대항마로 암드로이드, 즉 ARM과 안드로이드가 부상하게 되었다.

20여 년 간 전성기를 누리던 마이크로소프트와 인텔도 모바일 시대로 변하면서 구글, 애플, 페이스북, 아마존, ARM 등에게 가치를 빼앗기는 상황에 처한 것이다. 영원한 것은 없고, 화무십일홍 즉, 열흘 이상 붉음을 유지하는 꽃이 없다. 혁명은 가치의 이동과 역전을 수반한다. 4차 산업혁명도 마찬가지다.

1조 개 사물을 연결하는 초지능사회를 위하여

ARM은 삼성전자나 SK하이닉스처럼 반도체를 직접 제조하는 회사가 아니라 프로세서를 설계하고 라이센싱하는 회사다 보니 당연히 부가가치가 높지만 일각에서는 35조 원이라는 인수가격에 대한 논란이 많았다. 스마트폰 분야에서 95%의 점유율을 가지고 있다 하나 매출이나 수익을 따져보면 너무 과하다는 평가도 무리는 아니었다.

그러나 손정의의 투자 스타일을 보면 현재보다는 미래에 베팅하는 리스크 투자를 한다. 야후나 알리바바도 그렇고, 보다폰 저팬을 인수한 것도 그렇고, 버라이즌과 AT&T를 쫓는 미국의 3위 이동통신사 스프린트를 인수한 것도 시대변화의 흐름을 중시했던 것이다. 사물인터넷 시대가 본격화되면 반도체 수요가 커질 것은 분명하다. 특히 아주 작은 IoT기기들까지 연결하려면 배터리의 전력소모가 적어야 한다. 손정의가 ARM을 인수한 포인트는 저전력 설계기술에 있다.

미국의 IT 연구기관 가트너는 PC, 태블릿, 스마트폰을 제외한 사물인터넷 기기의 수가 2009년 9억 대에서 2020년에는 약 30배가량 증가한 260억 대에 이를 것이라 전망했다. 어쩌면 가트너의 계산이 틀렸을 수도 있다. 그 이상이 될지도 모른다.

스마트홈, 스마트카, 스마트헬스 케어뿐 아니라 수술 도구, 계측 장비, 웨어러블 의료 센서, 모니터 등 첨단 의료 기기와 스마트 알약과 같은 '삼킬 수 있는 기기(ingestible devices)', 공장 자동화 센서, 산업 로봇 애플리케이션, 농작물 수확량 제고용 센서 모트(sensor motes), 자동차 센서, 도로 및 철도 교통, 수자원 공급, 송전 등 여러 분야에 적용할 수 있는 인프라 모니터링 시스템 등 다양한 제품이 판매될 것이다.

또, 곧 부품 가격이 현저히 하락해 프로세서 가격이 1달러 이하로 떨어지게 되면 모든 사물에 인터넷 연결은 기본기능으로 장착될 수 있다. 단순한 제품부터 복잡한 기기까지 모두 인터넷 연결을 기반으로 원격 조정, 모니터링과 센싱 기능이 제공되고, 현재는 존재하지 않는 다양한 인터넷 연결 사물들이 사용될 것은 명약관화한 일이다. 이렇게 제품 설계자들이 지능형 제품에 인터넷 연결을 활용할 방안을 본격적으로 모색하게 되면 IoT 기기 종류가 폭발적으로 증가할 것이다. ARM의 CEO 사이먼 시갈의 말처럼 지금까지 출하한 반도체가 25년 간 1천억 개 정도였는데, 다음의 1천억 개는 4년밖에 안 걸릴 수도 있다.

손정의의 야심은 더 크다. 전 세계 1조 개의 사물을 연결해 초지능사회를 선도하겠다는 생각이다. ARM을 인수한 것은 IoT 사업의 포석이다. IoT는 특정업종에만 해당하는 기술적인 문제가 아니다. 회사 업종에 상관없이 IoT 시대를 대비해야 한다. 상품에 어떻게 지능을 부여해서 스마트 상품으로 전환시킬 수 있을까? 그리고 그것들을 어떻게 연결시켜 가치를 창출할 수 있을까를 고민해야 한다. IoT는 선택의 문제가 아니라 필수사항임을 명심해야 한다.

구름 위로 올라가자

원웹 투자로 통신위성 발사의 추진력을 얻다

사물인터넷은 사물과 사물 간의 연결이기 때문에 통신이 돼야 한다. 와이파이가 됐건, 브로드밴드가 됐건 인터넷이 연결되어야 하는데, 지구상에는 아직도 인터넷이 되지 않는 지역이 더 많다. 아프리카 같은 저개발 국가들이나 인구밀도가 낮은 지역뿐 아니라, 바다, 정글 오지, 남극이나 북극, 혹은 정세가 불안정한 지역 등도 인터넷 사각지대다. 현재 70억 인구 중 절반 정도가 인터넷의 혜택을 받지 못하고 있는데, 그래서 개발된 것이 통신위성이다. 하늘에 인공위성을 띄우면 지구 전체를 커버할 수 있으니까. 이렇게 되면 우리가 해외 나갈 때 로밍도 필요 없어진다.

이런 노력은 이미 시도되었었다. 산이나 배의 통신 수단인 이리

듐 휴대전화는 실제 약 70대 정도의 인공위성을 통해 서비스가 제공되고 있고, 1990년대에는 마이크로소프트의 빌 게이츠가 880대 정도의 위성으로 구성되는 위성인터넷 계획을 세운 적이 있었다. 문제는 엄청난 비용이 든다는 점이다. 그러나 최근 전자 부품의 소형화, 고성능화가 이뤄지면서 작지만 고성능인 인공위성을 만들 수 있게 됐다. 작다는 것은 저렴하게 만들 수 있고 대량 생산하면 더욱 가격이 내려간다는 것을 의미하는데, 위성이 작아지면 1대의 로켓에 여러 대를 싣고 발사할 수 있기 때문에 발사 비용도 싸진다.

손정의가 10억 불, 한화로 약 1조 원 이상을 투자한 원웹(One Web)도 그런 비전을 가지고 있는 회사다. 원웹은 2014년 그렉 와일러가 창업한 스타트업인데, 그렉 와일러(Greg Wyler)는 2007년 O3b 네트워크라는 위성통신 서비스 회사를 창업했었던 이 분야의 베테랑이다. 구글도 여기에 초기 투자했다가 아예 O3b의 창업자 그렉 와일러와 CTO 브라이어 홀츠를 영입했었다. 그러다가 그렉 와일러가 구글을 퇴사하고 원웹을 다시 창업한 것이다.

그렉 와일러는 일론 머스크(Elon Reeve Musk)와도 손을 잡았다. 페이팔과 테슬라자동차의 창업자 일론 머스크는 학생시절부터 우주탐사를 꿈꿔 왔다는데 그 결실체가 2002년 만든 '스페이스X'다. 스페이스X는 우주선을 만들고 화성 등으로의 우주여행을 실현하겠다는 궁극적인 비전을 가지고 있지만, 원웹처럼 통신용 인공위성을 쏘아 올려 인터넷 서비스를 제공하는 사업도 하고 있다. 스페이스X 는 그동안 저비용 로켓 개발과 보조로켓 회수에 의한 저비용화, 그리고 화성 이주 계획 등으로 화제를 불러일으켰는데, 원웹과 거의 같은 궤도에 소형 위성을 4,000대 이상을 발사할 계획을 갖고 있다.

구글은 '스페이스X'에도 투자하고 지원해 왔는데, 그렉 와일러가 구글에서 그 업무를 하다가 원웹을 창업한 것이다. 원웹에는 그간 에어버스, 버진그룹, 퀄컴, 코카콜라 등이 투자했었는데, 소프트뱅크의 통 큰 투자로 추진력을 얻게 되었다.

원웹은 고도 1,200km의 저궤도에 150kg 이하의 소형 인공위성을 900대 이상 발사해서 지구를 덮도록 배치하겠다는 구상을 갖고 있다. 1대당 제작비용이 100만 달러(약 10억 원)도 안 들도록 하겠다는 것인데, 5,000kg 이상 대형 위성 한 대를 만드는 데 보통 2억 5000만 달러(약 2,500억 원)가 소요되니 이보다 훨씬 저렴하다.

가격도 갈수록 낮아지는 추세다. 자체 공장도 있지만 원웹은 위성 설계에 주력하고, 제조는 유럽의 항공 우주 업체인 에어버스 디펜스&스페이스와, 발사는 유럽의 로켓 운용 회사 아리안 스페이스와 협업하는 체계를 구축했다. 그렉 와일러가 '소프트뱅크 월드 2017'에서 자신의 계획을 이렇게 말했다.

"세계 54%가 인터넷 망에 접근하지 못하고 있다. 개당 100만 달러 미만의 위성 900개로 전 세계를 커버한다. 하루 3대의 위성을 만들고 자동화하고 있다. 집뿐만 아니라 커넥티드 차처럼 모든 곳에서 인터넷이 가능하도록 하는 프로젝트다."

IoT는 스타워즈다

지구상에서 인터넷 사각지대를 없애겠다는 구상에는 구글, 페이스북 등도 적극적이다. 구글의 '프로젝트 룬(Project Loon)'과 페이스북의 '인터넷닷오알지(Internet.org)'가 그런 것이다. 구글 프로젝트 룬은 지상 20km 성층권에 무료 와이파이를 제공하는 비행 풍선 수천 개를 띄운다는 내용인데, 비행 풍선에 태양광 패널을 설치해서 띄워 보내고 지상에 태양광 에너지 기반 인터넷 장비 박스를 둬 신호를 주고받는 방식이다. 페이스북은 태양광 기반 글라이더와 로켓, 소형 위성 등을 활용하는데, 부메랑 모양의 드론 '아퀼라(Aquila)'를 활용하는 것도 프로젝트에 추가했다.

구글, 페이스북, 스페이스X, 그리고 소프트뱅크 등이 왜 이런 노력을 하고 있을까? 단지 인터넷 소외계층을 돕겠다는 사회공헌 측면만은 아닐 것이다. 세계를 하나로 연결해야 IoT의 강자가 될 수 있고 자신들이 구축해 놓은 플랫폼으로 사람들을 끌어 모을 수 있기 때문이다. IoT 플랫폼 전쟁을 벌이고 있는 것이다.

우주로 로켓과 위성을 쏘아 올리겠다는 야심을 밝히는 회사가 갈

수록 늘어나고 있다. 아마존의 CEO 제프 베조스도 2015년 '블루 오리진'이라는 우주 탐사회사를 만들고 약 2억 달러 규모의 투자를 발표했다. 플로리다에서 로켓과 캡슐을 제작하고, 10년 간 사용되지 않았던 인근 발사대에서 이를 발사하기 위한 것인데, 제프 베조스는 "나의 개인적 꿈은 우주에 있는 인간을 향한 것이다. 그 과정에서 블루 오리진은 사람들을 태울 수 있도록 고안된 우주선을 만드는 것을 목표로 한다."라고 말했다.

괴짜로 유명한 영국 버진그룹의 CEO 리처드 브랜슨 역시 소형 인공위성 발사 사업인 '런처 원(LauncherOne)' 계획을 발표했다. 그는 원웹에도 일부 투자하고 있는데, 100~200Kg 정도 탑재할 수 있는 소형 인공위성을 안전하고 비용 효율적인 방법으로 발사하기를 원하는 수요는 꾸준히 증가하는 추세를 기회로 보고 있는 것이다.

세계 최초의 인공위성은 1957년 10월 4일에 발사한 소련의 스푸트니크 1호였고, 인간을 최초로 달에 보낸 게 1969년 아폴로 11호였는데, 그때로부터 50~60년이 지난 지금 일반 민간 기업들도 인공위성을 띄우고 화성을 탐사할 수 있게 되었다는 게 놀라운 일이다.

경쟁의 무대가 하늘 위로 올라가고 있는 형국이다. 지능을 가진 사물들끼리 서로 대화를 주고받고 데이터를 전송하면서 다른 차원의 세상으로 전환되고 있는 것이다. 이것이 4차 산업혁명의 본질이다. 플랫폼제국의 권좌를 노리는 기업들이 한결같이 우주와 인공위성 사업을 벌이는 것이나 구름 위로 올라가려는 클라우드 사업에 전념하는 이유도, 손정의의 소프트뱅크가 원웹에 투자한 이유도 이 트렌드를 놓치고서는 4차 산업혁명시대 리더십을 확보할 수 없기 때문이다.

스타워즈 같은 느낌이 들지 않는가? 바깥세상의 패러다임이 이렇게 달라지고 있다. 울타리 안에서 안주하고 있어서는 안 된다. 모든 회사가 인공위성 쏘고 구름 위로 올라가자? 그런 말이 아니다. 넓은 시야를 갖고 생각의 차원과 스케일을 키워야 한다.

〈 원웹 〉

손정의의 소프트뱅크는 ARM을 인수하고 원웹에 투자함으로써 IoT 사업을 위한 하드웨어 측면에서 인프라스트럭처를 갖춘 셈이 됐다. IoT의 구성요소는 크게 두 가지인데, 마이크로프로세서와 통신망이다. 이 두 영역에 든든한 거점을 구축한 것이다. 기반이 불안정하면 맘 놓고 사업을 펼칠 수가 없을 것이다. 소프트뱅크는 이것을 토대로 해서 본격적인 사물인터넷 사업을 벌여나갈 것이다. 빅데이터, 인공지능, 로봇 등으로.

IoT는 막거나 거스를 수 없는 밀려오는 큰 물결이다. 비즈니스 생태계가 이렇게 달라졌다. 기존의 성공방식은 오히려 걸림돌이 된다. 사고의 틀 안에 갇히지 말고 과감히 깨뜨리는 시도를 쉬지 말아야 한다. 기존 사업의 문법을 외우는 모범생이 되지 말고 여기저기 들쑤시고 다니면서 연결하고 융합하는 야생마가 되어야 한다. 하이퍼텍스트처럼. 또 시야도 2차원에 머물러 있어서는 안 된다. 구름 위에서 조망할 수 있는 다차원적 시야가 요구되는 시대다.

사물인터넷이 주는 함의는 연결에서 가치가 창출된다는 것이다. 외부나 다른 업종들과의 제휴와 네트워킹에 힘써야 한다. 스타트업과의 협업도 위닝샷이 될 수 있다. 또 사물인터넷이란 지능화되는 것이다. 상품에 무엇을 장착하고 무엇과 연결해서 어떻게 지능을 부여하는가에 따라 기업의 미래가 결정될 것이다.

이제 내 일만 잘 하면 되는 시대가 아니다. 한 기업의 전략적 우위는 특정제품이나 서비스에 대한 매력도에 있지 않고 생태계 전체에 미치는 파급력에 있는 시대로 변했음을 인식해야 한다. 눈을 내부에 머물게 하지 말고 밖으로, 그리고 구름 위로 올라라. 이것이 사물인터넷 시대가 요구하는 플랫폼경영의 패러다임이다.

3

새로운 석유
빅데이터를 채굴하다

" 칩이 없으면 데이터도 없다.
데이터가 있는 곳에는 반드시 칩이 있다.
여기서 생산되는 데이터가 빅데이터이고 이는 인공지능으로 분석된다.
이를 볼 때 특이점이라는 싱귤래리티는 반드시 온다.
인공지능에 의해 주론·예측·지혜와 같은
초지성이 탄생하게 돼 있다. "

IoT 플랫폼의 작동 원리

IoT는 21세기형 화수분이다

화수분이라는 말이 있다. "그 안에 온갖 물건을 넣어 두면 새끼를 쳐서 끝이 없이 나온다는 전설적인 보물 단지"를 말하는데, 어원이 하수분(河水盆)에서 유래되었다는 설이 있다. 진시황 시절 만리장성을 쌓을 때 거대한 물 항아리를 만들어서 거기에 황하의 물(河水)을 담아 와서 사용했는데 그 항아리의 사이즈가 워낙 커서 물을 아무리 써도 전혀 줄어들지 않는다고 느껴질 정도였다고 한다. 이 것이 변형되어 '무언가 써도 써도 마르지 않는 신비한 단지'라는 뜻의 화수분으로 변했다는 것이다. 쌀을 넣으면 쌀이 줄지 않고, 돈을 넣어 두면 돈이 계속해서 나오는 황금알을 낳는 거위 같은 것이 있으면 얼마나 좋을까?

현대판 화수분이 IoT다. 일단 사물에 센서와 프로세서를 장착하고 인터넷으로 연결만 시켜 놓으면 거기서 계속해서 엄청난 분량의 데이터가 쏟아져 나온다. 써도 써도 마르지 않는 화수분인 셈인데, 오히려 데이터를 처리하는 게 더 큰 문제다. 빨리빨리 잘 처리하면 큰돈이 되는데, 그렇지 못하면 디지털 쓰레기에 파묻힐 수 있으니까.

빅데이터 시대라고 하는 것은 데이터가 돈이 된다는 뜻이다. IoT의 가치는 집안의 사물들을 제어하고, 자동차를 자율주행하게 하거나, 스마트 그리드로 에너지를 절감하고 생산 공정을 자동화하는 등의 편리성과 효율성을 높이는 정도에서 그치는 것이 아니다. 더 큰 가치는 IoT 플랫폼에서 쏟아져 나오는 데이터에서 생긴다.

손정의는 "데이터가 새로운 자원이다."라는 말을 했다. 석탄을 집어넣어야 증기기관이 가동되고 석유가 있어야 에너지가 만들어지듯 정보혁명 시대에는 데이터를 처리해야 가치가 창출된다는 뜻이다. 소프트뱅크가 OSI소프트와 보안솔루션 회사들에 투자한 이유가 빅데이터를 처리해서 돈으로 변환하기 위함이다.

그런데, 사실 데이터만으로는 돈이 안 된다. 비유를 들어 보자. 시꺼먼 액체에 불과했던 석유는 정제 기술이 발달하기 전에는 배나 건물 벽의 방수재료 정도로 쓰였을 뿐이었다. 석유의 역사는 1859년 에드윈 드레이크가 석유를 증류하여 등유를 만들면서 시작됐다고 알려져 있는데, 19세기 말 미국의 사업가 록펠러가 석유의 잠재가치를 알아차리면서 미국 정유공장의 90%와 운송회사의 80%를 장악하고 강에 내버리던 가솔린을 처음으로 자동차 연료로 사용해서 세계 최고의 부자가 될 수 있었다.

데이터도 마찬가지다. 빅데이터를 분석하고 처리하는 기술이 뒷받침되지 않고서는 쓸모없는 0과 1의 조합일 뿐이다. 반면 빅데이터를 처리해서 의미 있는 정보로 전환한다면 끊임없이 가치가 흘러나오는 화수분이 될 수 있는 것이다. 인공지능이 획기적으로 발전하면서 이것이 가능해졌다.

문제는 데이터 분석이야!

21세기 록펠러는 누가 될까? 사물인터넷과 빅데이터, 그리고 인공지능 싸움에 손정의가 칼을 빼든 이유가 여기에 있다. 손정의가 ARM을 인수하고 원웹에 투자한 것은 소프트뱅크가 구상하는 IoT 플랫폼의 토목공사를 한 것에 비유할 수 있다. 반도체 프로세서와 인터넷 통신이 탄탄하게 밑을 받쳐주지 않으면 자칫 사상누각이 될 수도 있으니까. IoT 사업을 위한 하드웨어 요소는 일단 갖춘 셈이 됐다.

그런데 사물인터넷 사업을 위해 더 핵심적인 요소가 있다. 데이터 분석능력이다. 데이터 자체는 가치 없는 디지털 덩어리일 뿐이고, 이걸 분석 처리 가공해야 비로소 가치가 창출되는 것이다. 석유를 정제해서 가솔린을 뽑아내듯.

플랫폼 제국의 맹주를 꿈꾸는 기업들이 일제히 빅데이터 분석에 인공지능을 활용하고 전력투구하는 이유가 데이터가 정보시대의 석유 같은 것이기 때문이다. 비유하자면, 석유가 자동차를 움직이는 동력원이듯 데이터가 플랫폼을 작동시키는 핵심자원인 것이다.

플랫폼 전쟁에서 승리하려면 더 많은 사람들을 끌어들여야 한다. 그러려면 매력을 느끼게 해주어야 하는데, 예를 들어, 구글의 IoT 플랫폼과 소프트뱅크의 IoT 플랫폼이 경쟁한다고 가정해 보자. 당신은 이 둘 가운데서 선택할 때 무엇을 따져 보겠는가? 당연히 어느 게 더 편리한가, 어느 플랫폼이 나에게 더 큰 경제적 혜택을 줄 수 있을까, 어느 플랫폼이 나를 더 잘 알고 있나, 또 어느 것이 UI나 UX가 좋은가 등을 비교해 볼 것이다. 여기서 중요해지는 것이 데이터 분석능력이다.

IoT 플랫폼이 당장 눈앞의 일이 아니라서 실감이 안 된다면 스마트폰에 비유해 보자. 애플의 iOS와 구글의 안드로이드 중 어느 플랫폼을 쓰고 있는가? 당신이 그걸 선택했던 이유는 무엇이었나? 스마트폰 디바이스의 성능이나 가격 때문? 그런 하드웨어적 요인보다는 아마도 앱 스토어나 콘텐츠, UI/UX, 또는 다른 문화적 요인이 더 크게 작용했을 것이다.

스마트폰이 파편화된 것이 사물인터넷이다. 기술의 발달로 스마트폰이 소형화, 모듈화되고 가격도 싸지면서 지금까지는 사람들만 들고 다니던 스마트폰을 기계들도 하나씩 가지게 된 것이라는 말이다. 사물인터넷의 초기 형태가 스마트홈이다. 우리가 사는 집이라는 공간에서부터 출발한 것인데, 이 개념이 자동차로 확산된 게 스마트카이고, 산업계 공장으로 들어간 것이 스마트팩토리이고, 거리와 도시로 확산된 것이 스마트시티이고, 더 파편화되어 모든 물체에 적용되는 것이 IoT, 사물인터넷의 개념이다.

IoT 플랫폼은 빅데이터를 먹고 산다

스마트홈 상품은 이미 판매되고 있고, 사용하는 사람들도 늘고 있다. 스마트홈(home IoT)이란 어떤 것인가? 집안에 있는 사물들, 즉 전기장치, 냉장고, 세탁기, TV, 에어콘, 가스렌지, 도어락 등등이 스마트폰을 하나씩 갖는 개념이다. 예를 들어, 내가 집밖에 있는데 전등을 끄고 나오는 것을 잊었다면 전등이 나에게 켜져 있다고 문자를 보내고 나는 전등한테 문자를 보내 끄라고 명령한다. 내가 밖에 있는데 누가 찾아왔다면 도어락에게 전화를 걸어 열어주라고 할 수 있다.

그러나 엄밀히 말한다면 이건 홈 IoT라기보다는 홈오토메이션의 개념이다. 사람과 사물 간의 대화이기 때문이다. 스마트홈은 사물

68

끼리 전화를 걸고 문자를 보내거나 카톡방에서 대화하면서 알아서 작동하는 것이다. 구글이 2014년 인수했던 네스트나 삼성이 인수한 스마트씽즈가 스마트홈을 구현하려는 것이었다. 예를 들어, 내 옆에 있는 음성인식 비서에게 "나 잘 거야."라고 말하면 비서 로봇이 전등이나 침대, 창문, 가스렌지, 에어컨, 도어락, 방범장치 등의 상태를 모두 점검해서 안전하고 쾌적한 수면환경을 유지해 준다. 또는 반대로 외출하게 되면 가장 에너지가 절감되는 상태로 전환하고, 침입자가 생기면 112로 신고도 한다.

자율주행 자동차나 커넥티드 카도 그런 원리다. "나 지금 어디로 간다"라고 말하면 주차장에 있던 차가 문 앞으로 오고, 가장 빠르고 비용이 절감되는 코스로 안내해 준다. 또 가면서 신호등과 통신해서 시간을 절약할 수도 있고, 고속도로 통행료도 기계끼리 통신해서 정산하고, 목적지 부근의 주차장을 검색해서 미리 주차공간을 예약하고 주차요금도 카드회사와 연결해서 결제까지 끝내 놓는다.

자, 이런 IoT 상품들이 여럿 경쟁한다면 어떤 플랫폼을 선택하겠는가? 에너지 절약, 시간 절약, 비용 절감, 안정성, 보안, 사용의 편리성 등을 따져볼 것이다. 이것을 결정하는 기술요인이 데이터 분석능력이다. 어느 회사가 이 많은 사물들이 계속 쏟아내는 엄청난 양의 빅데이터를 실시간 분석해서 가치 있는 정보로 빠르게 전환해서 제공하느냐의 싸움이 IoT 플랫폼전쟁의 승패를 좌우한다. 인공지능이 플랫폼전쟁의 최종병기라 강조하는 것이 이런 연유다. 위키피디아에는 사물인터넷을 이렇게 정의하고 있다.

"인터넷으로 연결된 사물들이 데이터를 주고받아 스스로 분석하고 학습한 정보를 사용자에게 제공하거나 사용자가 이를 원격 조정할 수 있는 인공지능 기술이다."

사물인터넷의 키워드는 데이터와 인공지능이다. 이렇게 사물인터넷, 빅데이터, 인공지능은 삼위일체 관계다. 즉, 사물인터넷으로부터 데이터가 만들어져 나오고, 그 데이터를 인공지능이 분석하고, 인공지능은 다시 사물인터넷에 연결된 기기들에게 명령을 내리고, 이렇게 순환되는 루프(loop)가 형성되는 것이다. 이 루프를 IoT 플랫폼이라 부르는 것이고, 루프를 순환하는 피와 같은 것이 데이터다.

데이터와 정보의 차이

데이터가 이렇게 중요한 것이다. 그런데 사실 정보시대의 핵심은 데이터가 아니라 정보다. 데이터와 인포메이션, 즉 자료와 정보라는 용어의 개념 차이를 이해해야 하는데, 자료(data)와 정보(information)는 어떻게 다른 것일까? 예를 들어 보자. 어느 고객이 할

70

인점에 가서 상품을 구매했을 때, 구매명세표나 영수증, 신용카드 전표 등은 자료, 즉 데이터다. 요즘 빅데이터 시대라 하는 것은 이제 이런 데이터를 얻을 수 있는 인프라가 구축되면서 데이터가 넘쳐나는 시대가 되었기 때문이기도 하다.

그런데 앞서 말했듯이 빅데이터 자체로는 아무 효용도 창출할 수 없다. 고객의 몇 개월간의 구매명세표와 영수증을 분석해 보면 그 고객의 구매성향, 항목별 지출비, 라이프스타일 등을 알아낼 수 있다. 이것이 정보다. 즉, 자료를 가공해서 의미 있게 변환시킨 것이 정보의 개념인 것이다. 그러므로 자료는 "정리되지 않은 진흙탕"이라고 비유할 수 있고, 정보는 "의미 있는 패턴으로 정리한 데이터"라고 정의할 수 있다. 앞서 든 비유로 말하자면, 데이터는 시꺼먼 원유덩어리, 정보는 가솔린이라 할 수 있다. 손정의의 평생모토는 '정보혁명'인데, 이처럼 혁명을 일으키는 힘은 데이터가 아니라 정보에서 나오는 것이다.

그런데 데이터를 분석하다 보면 여러 가지로 해석할 수 있다. 대부분의 사람들이 그런 경험을 가지고 있을 것이다. 예를 들어, 소비자조사를 하다 보면 똑같은 숫자를 놓고 전혀 다른 해석이 나올 수 있다. 또 같이 얘기를 들었는데도 나중에 보면 다르게 이해하는 경우들이 생긴다. 데이터를 정보로 전환하는 과정에서 편차가 발생하는 법이다.

이것은 상당히 중요한 문제다. IoT 플랫폼에서 데이터 분석능력이 핵심적인 요소가 되는 이유가 여기에 있다. 누가 데이터를 정확히, 그리고 행간까지 통찰해서 고객의 욕구를 집어내느냐가 플랫폼 전쟁의 승패를 좌우하는 것이기 때문이다. IoT 기기들이 보내오는 날것 상태의 데이터에서 정보라는 에너지를 만들어 내는 과정이 빅데이터 분석이고, 그 힘으로 IoT플랫폼이 돌아가는 것이다.

IoT 시대에는 사물들까지 인터넷에 연결되어, 전 세계 디지털 데이터가 폭발적으로 증가할 것이다. 데이터 량의 폭발적 증가와 동시에, 데이터의 동적 변화와 형태나 빈도 등 다양한 데이터를 처리하기 위한 새로운 정보 처리 인프라와 이를 통해 부가가치를 창출하기 위한 정보 분석 기술 등이 절대적으로 중요해지게 되었다. 더불어 IoT의 확대에 따라 취급 정보의 범위나 용도가 크게 확산되다보니 그 어느 때보다 정보보안의 중요성이 커졌다.

손정의가 OSI소프트와 이스라엘 보안 솔루션업체 사이버리즌(Cybereason), 모바일 보안업체 '짐페리엄(ZIMPERIUM)' 등에 투자한 이유도 여기에 있다.

빅데이터 분석 시스템을 구축하다

센서에서 그래프까지

손정의는 '소프트뱅크 월드 2017'에서 OSI소프트에 투자했다는 발표를 했다. 이 투자가 갖는 의미에 대해 'IT뉴스'는 이렇게 평가한다.

"소프트뱅크의 사물인터넷 전략 중 하드웨어 칩 분야로 ARM을 선택했다면, OSI소프트 투자는 소프트웨어 분야의 중요한 시작으로 볼 수 있다는 점이다. 차세대 사물인터넷 시장이 재편되는 시기에 소프트뱅크의 이번 투자가 중요한 의미로 해석된다."

(2017년 6월 10일)

〈 OSI소프트 〉

　OSI소프트가 ARM에 견줄 만큼 중요한 의의가 있는 투자라는 얘기인데, 그러면 OSI소프트는 어떤 회사인가? OSI소프트는 산업용 IoT 소프트웨어 개발 분야에서 두각을 나타내고 있는 회사로서 PI System이 핵심기술이다.

　먼저 PI system이란 무엇인가를 살펴보자. OSI소프트 홈페이지에는 "PI System은 데이터 인프라스트럭처의 활용과 변환된 통찰력을 위한 데이터 분석 및 시각화를 지원하여 귀하의 비즈니스의 전사적 운영 인텔리전스를 구현합니다."라고 쓰여 있다. 관련분야 종사자들이 아닌 일반인들에게는 좀 어렵다.

　이 말의 의미를 이해하기 위해서는 먼저 빅데이터를 수집하고 분석하는 프로세스를 생각해 봐야 한다. IoT 디바이스에는 센서(sensor)가 붙어 있다. 우리가 들고 다니는 스마트폰에도 이미지센서, 청각센서, 가속도센서, 자이로스코프 등이 들어 있는데, 스마트폰 갖고 별별 것을 다할 수 있는 게 이 센서들 때문이다(센서가 없다면 노트북을 축소해 놓은 것에 지나지 않는다).

센서는 사람 몸으로 치면 감각기관이다. 눈, 귀, 코, 입, 피부 등
이 외부로부터 받아들인 감각을 전기신호로 전환해서 뇌로 보내면
두뇌가 판단하고 해석하는 것이다. 우리가 무엇을 본다고 할 때 사
실 보는 것은 눈이 아니라 뇌가 보는 셈이다.

IoT도 같은 원리다. 센서가 감지한 것을 전기신호로 바꿔서 인터
넷 망을 통해 중앙서버로 전송하면 컴퓨터가 분류하고 분석하는 프
로세스를 밟게 된다. 그런데 이 과정이 매우 복잡하고 수많은 센서
들이 보내는 데이터들 간의 충돌도 일어날 수 있고, 워낙 양이 방대
하다 보니 시간도 많이 걸리고 처리하는 작업이 보통 일이 아니다.
사실 빅데이터는 양이 많을 뿐 아니라 비정형에 뒤죽박죽 지저분한
쓰레기더미와 같다고 생각하면 된다. 70~90%는 버려야 할 것들
인데, 고액 연봉의 빅데이터 분석가들에게는 시간을 빼앗기는 단순
업무이다 보니 그런 디지털쓰레기를 정제만 해주는 데에 특화된 회
사도 있을 정도다. OSI소프트의 PI system은 빅데이터 수집, 분류,
분석 과정을 단순화시켜서 그래프나 그림 등 시각적으로 구현하는
소프트웨어 기술이다.

산업용 IoT 소프트웨어의 리더, OSI소프트에 투자하다

OSI소프트는 1980년 미국 캘리포니아 주에서 패트릭 케네디(J.

Patrick Kennedy)에 의해 시작된 회사다. 업력이 꽤 오래 되었는데, 처음 시작은 산업용 장비와 공정을 모니터링하는 소프트웨어를 개발하는 일이었지만 지금은 100여 개 나라에 실시간 데이터 분석 인프라를 제공하는 글로벌 기업으로 성장했다.

자신의 첫 번째 직업이 신문배달이었다고 말하는 패트릭 케네디 CEO는 화학공학을 전공한 리서치 엔지니어 출신이다. 그는 '소프트뱅크 월드 2017'에서 소프트뱅크와 펼쳐갈 미래를 이렇게 말했다.

"산업용 IoT 마켓에서의 점유율이 전력 분야 90%, 의약품 90%, 석유 가스 95%, 금속 및 채굴 100%다. 우리는 300년 뒤 인류에 행복을 준다는 소프트뱅크의 생각에 동의해 계열사가 됐다. 기계 간 IoT를 통해 정보혁명을 일으키는 데 일조하겠다."

OSI소프트의 주력상품인 PI 시스템은 석유, 가스, 유틸리티, 광업, 펄프, 제지, 물, 선박, 화학 보일러, 발전소 등 산업용 IoT 데이터 수집 및 관리 소프트웨어다. 앞에서 말했듯이 단순화가 핵심역량이라 할 수 있다.

OSI소프트는 2010년 KT가 실행한 제주도 스마트 그리드 즉, 지능형 전력망 실증단지 사업에도 참여한 적이 있다. 이 프로젝트에

SAP코리아와 함께 협업을 했었는데, OSI소프트가 실시간으로 검침 데이터를 모아서 이를 동기화시키면 SAP의 유틸리티 솔루션과 통합하여 KT에 제공하는 것이었다. KT는 "OSI소프트의 검침데이터 통합동기화와 SAP 유틸리티는 밀리초 내에 실시간 데이터를 제공해 수요 반응을 관리하고 효과적인 전력교환의 조율을 가능케 한다. 솔루션 구성이 간단하며, 사용자 인터페이스도 사용이 쉽다."고 좋은 평가를 내리기도 했다.

이렇게 OSI소프트의 PI는 센서 데이터를 모아서 분류하고 분석해서 도표 등 시각화를 통해 사용자에게 직관적으로 보여주는 실시간 데이터분석 시스템으로 특히 산업 IoT분야에서 강점을 가지고 있다. PI System을 통해 "기업이 실시간으로 운영 데이터를 변환하여 산업 운영 전반에 걸쳐 데이터 기반의 의사 결정을 용이하게 하고, 비즈니스를 혁신적으로 변환할 수 있도록" 서비스를 제공하는 것이 OSI소프트의 비전이다.

손정의는 하드웨어 분야에서는 ARM을, 소프트웨어 분야에서는 OSI소프트를, 그리고 인터넷 위성통신 분야에는 원웹, 이렇게 삼두체제를 갖추면서 IoT 사업에 본격적으로 시동을 걸었다.

보안 상비군을 결성하다, 사이버리즌과 짐페리움

그런데, 안정적인 빅데이터 관리와 사물인터넷을 위해 필수적으로 해결해야 할 문제가 있다. 보안 문제다. 해킹이나 사이버공격에 노출되면 IoT로 연결된 세상이 뒤죽박죽 난리가 날 것이다. 보안은 전쟁이다. 손정의가 사이버리즌과 짐페리움에 투자한 것은 상비군을 만든 것이다. 사이버리즌은 이스라엘의 사이버 보안 스타트업인데, 2012년 미국의 국가안보국에 해당하는 이스라엘 유닛(Unit 8200) 출신의 기술 인력들이 텔아비브에 설립했다. 2014년 미국 보스턴으로 옮긴 이 회사는 인공지능 머신러닝 기술을 활용한 새로운 유형의 컴퓨터 보안프로그램을 개발했는데, 인공지능을 활용해 광범위한 네트워크를 실시간으로 훑는 방식이다.

해킹이나 사이버공격도 기술이나 방식이 계속 진화해 왔다. 초기 바이러스나 악성코드와는 다른 지능형 공격들이 늘고 있는 상황인데, 특히 스마트폰이 나온 이후 보안업계들은 웹이나 모바일, 클라우드 관련 지능형 지속위협(APT)을 막는 데에 집중해 왔다. APT는 보안업계 격전지를 상징하는 키워드가 됐을 정도다. APT는 'Advanced Persistent Threat'의 축약어인데, 말 그대로 번역하면 취약점을 지속적으로 노리는 공격이다. APT에 대응하려면 매우 능동적인 방어가 필요하다. 위협 사냥(threat hunting)이라고 표현하는데, 이를 위해 인공지능을 활용하는 것이다.

또 2016년부터 랜섬웨어가 골치덩어리가 되자 사이버리즌은 랜섬프리(RansomFree)란 안티 맬웨어 프로그램을 발표했다. 랜섬프리 역시 기존의 정기적인 악성 코드를 업데이트하는 대신 인공지능 기술을 활용한 행동 분석 방식을 사용한다. 찾을 수 있는 모든 랜섬웨어를 자세히 검토해 공통된 특징을 분석하고 이를 기반으로 이런 행위를 감시해서 능동적으로 방어하는 방식이다.

2017년에는 워너크라이(WannaCry)라는 랜섬웨어가 99개국의 컴퓨터를 감염시켜 매우 큰 타격을 입은 사례가 있었다. 비트코인을 지급하면 풀어주겠다는 메시지를 띄웠었는데, 워너크라이 사태 당시 사이버리즌의 CEO 라이어 다이브는 "워너크라이의 공격은 사이버리즌의 알고리즘에 의해 즉시 발견됐다. 공격을 발견하는 과정에 사람의 개입은 필요 없고, 우리 고객들도 아무런 영향을 받지 않았다."고 자신 있게 말할 정도로 기술력에서 앞서가는 회사다.

록히드마틴과 소프트뱅크 등이 인공지능 기술을 활용해서 실시간 네트워크를 탐색하는 사이버리즌의 보안 솔루션을 도입해 활용하고 있었는데, 손정의가 사이버리즌에 1억 불, 1,000억 원을 투자한 것이다. 이스라엘은 사이버 보안 분야에 매우 강세를 보이고 있는 나라다. 업체의 숫자만 해도 미국 다음으로 많고 세계 시장점유율도 10%가 넘는다. 이스라엘 사이버 보안 스타트업들에 투자가 몰리고 있는 것은 기술력이 우수하고 수익률도 높아서인데, 그만큼 이스라엘은 보안강국임을 인정받고 있다.

이렇게 데이터를 수집/처리하는 프로세서는 ARM이, 데이터를 통신하는 망은 원웹이, 전송받은 데이터를 분석해서 시각화하는 시스템은 OSI소프트가, 그리고 이 프로세스를 보호하는 보안관 역할은 사이버리즌이 담당하게 하는 것이 손정의가 구상하는 IoT 플랫폼의 빅 픽처다.

IoT란
상품에 생명을 불어넣는 작업이다

나이키의 IoT 실험

지금까지 IoT하면 스마트홈, 스마트카, 스마트시티 등만 연상되다 보니 전자나 IT업종, 통신, 자동차, 건설 등에 국한된 문제로 인식될 수도 있다. 소프트뱅크 역시 인터넷 통신업체이기에 IoT에 전력투구하는 것이다. 기존의 사업과 시너지를 낼 수 있기 때문에.

그러나 IoT는 특정 업종에만 해당되는 일이 아니다. 이것은 거대한 흐름이고, 4차 산업혁명 시대의 경영패러다임이다. 업종이나 회사의 규모에 상관없이 반드시 적용해야 할 작업이라는 얘기다. 산업 플랜트나 산업용 디바이스에 많이 적용되어 있는 것은 효율성과 생산성을 극적으로 높일 수 있기 때문이다. 그러나 일반 소비용품에도 얼마든지 적용될 수 있다. 나이키의 IoT 실험이 그걸 보여줬다.

2005년 세계2, 3위의 스포츠용품 제조사인 독일의 아디다스 (adidas)와 리복(Reebok)이 합병했다. 1위 나이키에 대항하기 위해서 였는데, 이때 나이키는 어떤 전략으로 나갔을까? 4위나 5위 업체와 손을 잡았을까? 아니. 나이키는 애플과 손을 잡았다. 스포츠용품 회사가 생뚱맞게도 IT 회사와 제휴하다니? 그러고는 출시한 상품 이 '나이키 플러스(Nike Plus)' 였다.

나이키 플러스는 신발 속에 들어가는 센서와 그 센서가 감지한 데이터를 스마트폰에 전송해 줄 수 있도록 해주는 무선접속기기, 그리고 스마트폰에 저장된 데이터를 인터넷에 간편하게 올릴 수 있 는 소프트웨어 인터페이스로 구성되어 있는 상품이다.

센서는 사용자가 달리는 속도를 계산해서 데이터를 전송하고, GPS 기능을 활용해서 사용자가 달린 코스도 기록해 준다. 사용자 는 그래프까지 곁들여서 그간의 달리기 기록을 모두 확인할 수 있 는데, 마치 모바일 게임을 하면 내 친구의 스코어가 보이듯 다른 사 람들의 기록과 비교해 볼 수 있는 소셜 기능도 넣은 것이다.

신발은 아날로그 상품이다. 즉, 시간과 공간의 제약을 받는 것인 데 디지털의 옷을 입히니까 시간과 공간을 초월해 날아간다. 예를 들어, 멀리 있는 친구와 달리기 시합을 할 수 있다. 꼭 같은 시간이 아니어도 상관없다. 시간과 공간은 달라도 기록으로 결과를 비교해 볼 수 있으니까. 또 나이키 플러스에서는 전 세계 어디에 사는 사람이든 커뮤니티(community)가 형성될 수 있다.

나이키 신발은 다른 사물이나 사람과 연결되지 않은 동떨어진 하나의 물체일 뿐인데, 여기에 센서를 부착하고 연결시키니까 데이터가 만들어지고 지능도 생겼다. 죽은 물체가 살아나듯이. 나이키 플러스는 사람들을 시공간의 제약을 받지 않는 가상현실로 들어가게 해서 물리적 현실에서는 불가능했던 일들이 가능하게 하고, 모든 사람들과 연결될 수 있는 소셜화가 이루어지고, 게임식의 마케팅으로 변모할 수 있게 해주었다.

나이키 플러스는 IoT를 접목한 웨어러블 기기의 효시라 할 수 있는데, 이후 유사한 상품들이 봇물 터지듯 나왔고, 지금은 나이키 플러스 기능에 운동량이나 칼로리 등까지도 체크해 주는 '나이키 퓨얼밴드(Nike Fuelband)'로 발전시켰다. 나이키는 미국에서 가장 창의적인 기업으로 손꼽히는 기업의 하나다.

명품은 과학입니다

침대업체도 IoT를 접목시킬 수 있다. 침대라는 사물의 본질은 깊은 잠을 잘 수 있게 해주는 것이기 때문에 지금까지 침대회사들은 어떻게 하면 고객들이 뒤척이지 않고 숙면을 취하고 아침에 일어날 때 개운하게 할 수 있을까? 그래서 매트리스 스프링이나 소재, 원단, 이런 것들을 개선하는 연구를 해오고 있다. 그런데 이제는 침대 업체들 간의 기술력이나 실력이 비슷비슷해지다 보니 그런 물리적인 요소만으로는 차별화하기가 어려운 상황이 되었다. 침대는 과학이다. 그러나 이젠 그 정도 과학으로는 고객들이 가치를 느끼지 못한다.

그럼 이제는 어떻게 해야 침대가 과학이 될 수 있을까? 침대에 생체 리듬을 체크해 주는 센서를 넣는 방법이 있을 수 있다. 이 센서는 잠자는 사람의 심장박동 상태, 호흡, 수면 상태에서의 움직임, 숙면도 등을 체크해서 주인에게 리포트해 준다. 숙면을 위해 어떻게 자세를 교정하라거나 숙면할 수 있는 좋은 팁들도 알려줄 것이다. 또 침대가 잠자는 사람에 따라 그에 맞는 모드로 전환될 수도 있다. 이미 이런 침대가 시판되고 있다.

또는 잠잘 때 방안의 조명, 그리고 온도나 습도를 자동 조절할 수도 있다. 주인이 잠들었나, 또는 어떤 수면 사이클에 있나 판단해서 조명기구에 명령을 내리고 온도 습도 조절장치도 컨트롤해 준다. 21세기에는 이쯤은 돼야 과학이고 명품이라 할 수 있을 것이다.

생각해 보라. 똑같은 사물인데, 그것에 무엇을 붙이고 무엇과 연결시켰는가에 따라 그 의미와 가치가 달라질 수 있다. 이제는 사물 그 자체, 즉 물리적 상품을 차별화되게 퀄리티 있게 만든다고 해서 고객들이 과학으로 인정하는 시대는 지나갔다는 말이다. 물리적 상

84

품은 홀로 존재할 수 없고, 다른 사물들과 연결되고 소통될 때 가치가 업그레이드 될 수 있는 것이다. 사물에 지능을 부여하고 생명을 불어넣는 작업이 IoT의 원리다.

　루이비통 같은 회사는 어떻게 IoT를 적용할 수 있을까? 당신이 어느 호텔에 도착했더니 미리 연락한 것도 아닌데 알아보고 발레파킹을 해주고, 레스토랑에 들어가니까 종업원이 다가와서 예상치 못한 VIP 서비스를 해준다면? 예상 밖의 감동을 느낄 것이다. 루이비통 가방 속에 칩이 심겨져 있고 그것을 IoT로 연결시킨다면, 그리고 호텔이나 레스토랑 등과 제휴를 맺는다면 지금의 IT 인프라로 이런 일은 충분히 가능하다.

　또는 루이비통 스마트워치도 만들 수 있지 않을까? 만약 루이비통이 스마트워치나 스마트밴드를 만들고, 그것을 고객이 소유하고 있는 루이비통 제품들과 연결시키고, 또 제휴업체들과의 협업 체계를 구축한다면 루이비통 플랫폼이 될 수 있다. 구글이나 페이스북, 아마존 같은 업종들만 플랫폼이 될 수 있는 게 아니다. 제조업이나 일반 서비스업종도 플랫폼이 되지 못한다면 레드오션을 벗어날 수 없다.

날개 돋친 듯 팔리는 상품을 만드는 방법

이렇게 IoT 개념을 접목시키면 상품(product)이 플랫폼(platform)으로 둔갑한다. 이제 물리적 상품만으로 성공할 수 있는 시대가 아니다. 플랫폼으로 진화해야 한다. 이제 상품은 홀로 존재하지 않는다. 아니, 홀로 존재해서는 안 된다. 그것은 무인도에 홀로 떨어져 있는 것이다. 단순히 하드웨어로서의 사물을 파는 것이 아니라 모든 사물들이 연결되고 통신하면서 고객에게 융합 솔루션을 제공하는 형태로 진화해야 한다. 다른 말로 프로덕트에서 플랫폼으로의 전환, 이것이 IoT 시대가 갖는 사업적 함의다.

IoT는 상품에 날개를 달아주는 작업이다. 누누이 강조하건데, 공장에서 생산된 제품은 단독적으로는 가치를 창출할 수 없는 시대로 변했다. 품질 좋고 차별화되게 만들면 날개 돋친 듯 팔려나가던 '울타리 정원(walled garden)' 시대는 지나갔고, 연결과 통신, 융합을 통해 상품에 날개를 달아줘야 날 수 있는 '오픈 플랫폼(open platform)' 환경으로 세상이 바뀌었음을 놓쳐서는 안 된다.

연결되지 않는 상품은 시들시들하다가 죽는다. 회사에 지능망을 만들고 죽어 있던 상품에 생명을 불어넣어야 한다. 그러면 상품들이 가치 있는 데이터도 만들어 낸다. 데이터를 정보로 전환하면 상품을 팔아 얻는 마진보다 훨씬 큰돈을 벌 수 있는 빅데이터 시대가 된 것이다. 정보시대에는 데이터가 새로운 석유다.

시야를 넓히라. 터널 시야에서 레이더 시야로, 또 '공장 안 시야'에서 '광장 시야'로. 그러면 IoT 분야에서 새로운 강자로 떠오른 중국 샤오미의 창업자 레이쥔의 말처럼 "돼지도 태풍을 만나면 날 수 있다."

4

지식기반사업을
미래의 비즈니스 핵심으로
예측하다

❝인공 지능이 학습하고 더 나아가
사람이 행동하기 전에 예측하는 것이 가능해졌다.
이러한 것을 가능하게 한 것은 데이터다.
데이터는 산업혁명 시대의 석유와 같은 자원이다.
데이터를 모으고 더 중요한 것은 분석하는 것이다. **❞**

지식기반사업의 원리

빅데이터의 가치를 보여준 구글의 플루 트렌드

2008년 구글에서 "플루 트렌드(Flu Trends)"라는 독감 예측 프로그램을 공개했다. 플루 트렌드는 미국에서 사람들이 독감에 걸렸을 때 검색하는 약 40여 가지의 검색어를 바탕으로 독감의 발병을 예측하는 서비스인데, 빅데이터 속에 얼마나 큰 가치가 숨어 있는 것인지를 보여준 대표적인 사례였다.

사람들은 무슨 문제가 생기면 일단 검색부터 한다. 특히 미국에서는 검색하다와 구글링(googling)이 동의어일 정도로 구글 의존도가 매우 높다. 독감 기운을 느끼면 구글링을 한다. 여러 가지 검색어를 쳐볼 것이다. 몸살, 발열, 으스스 등등.

이 점에 착안한 구글의 소프트웨어 엔지니어들이 2003년도부터의 검색 데이터와 실제 발병이 되었던 시점과 지역에 대한 데이터를 교차분석을 해봤다. 매년 독감 시즌이 되면 특정검색어 패턴이 눈에 띄게 나타나는 것을 발견하고 거기에서 상관관계가 높은 검색어를 45개 추출했는데, 이 검색어들을 미국질병방제센터의 데이터와 비교해 보았더니 놀랍게도 97% 이상 맞아떨어졌던 것이다. 그러니까 어느 지역에서 그 단어들의 검색이 늘어나면 그 지역에 독감이 발병할 것이라고 예측할 수 있는 것이다. 또 독감의 이동경로도 미리 예측해서 다른 도시로의 감염을 사전에 차단할 수 있게 되었다.

이것은 미국질병방제센터(CDC)가 하는 방식보다 빠르고 정확했다. 질병방제센터는 각 병원들로부터 독감 환자의 수를 보고받고 그것을 집계해서 어느 지역에 독감이 감염되었다고 파악하는데, 그렇게 하려면 1~2주의 시간이 소요된다. 이미 독감이 퍼진 후에 사후 약처방하는 셈이다. 이제 미국질병방제센터는 구글의 플루 트렌드를 활용하고 있다.

구글이 플루 트렌드를 만들 수 있었던 것은 빅데이터의 힘이다. 사람들이 검색을 하고 또 돌아다니면서 제공하는 위치정보를 분석해서 구글은 새로운 가치를 창출해 낼 수 있다. 어쩌면 앞으로는 점집을 찾는 사람들이 줄어들지도 모른다. 구글은 누가 대통령에 당선될지 예측할 수 있고, 사람들의 운명도 점칠 수 있다. "나는 무슨

사업을 해야 할까" 고민하는 사람도 구글에게 물어볼 것이다. 수많은 사람들의 인생데이터를 분석해서 법칙을 찾아낼 수도 있을 테니까. 그런데, 예측률을 높이려면 데이터의 양이 충분해야 한다. "많아지면 달라진다"는 말처럼 많으면 많을수록 정확한 결과를 도출할 수 있으니까. 빅데이터를 새로운 자원이라 하는 이유가 여기에 있다.

구글의 검색능력에 인공지능까지 얹어진다면 가공할 일들이 벌어진다. 인공지능은 인간이 생각지 못했던 새로운 경우의 수를 발견할 수도 있다. 알파고가 그랬듯이. 밥도 안 먹고 잠도 안자면서 요인분석을 계속 하다보면 과학이론인 지식체계를 뒤집을 수도 있고, 새로운 발명도 할 수 있는 것이다.

4차 산업혁명의 진원지는 빅데이터였다

그런데 따지고 보면 인공지능은 빅데이터 때문에 만들어진 것이다. '빅데이터'라는 용어는 2011년경부터 본격 회자되기 시작했는데, 사람들이 스마트폰을 쓰면서 무수히 많은 디지털 데이터를 생산했기 때문에 가능해진 일이다. 스마트폰은 대박사건임에 틀림없었다. 사람들은 여기저기 돌아다니면서 SNS에 글과 사진, 동영상 등을 올리고 클라우드에 저장한다. 데이터의 양이 폭증했고, 구글의 GFS나 하둡(hadoop) 등과 같은 빅데이터들을 분산 처리하는 소프트웨어들이 개발되면서 클라우드 컴퓨팅이나 인공지능 등 관련 기술의 진화로 번졌고 4차 산업혁명의 씨앗이 뿌려졌던 것이다.

특히 인공지능 연구는 2012년 분기점을 맞는다. 이전의 인공지능은 프로그램 방식이었다. 예를 들어, 개와 고양이를 구별하게 하려면 프로그래머가 개와 고양이의 차이점을 일일이 입력해야 했다. 그런데 사람들이 찍어 인스타그램이나 유튜브 등에 올린 개와 고양이의 사진과 영상 데이터가 넘쳐나면서 인공지능이 데이터를 스스로 학습하는 머신 러닝(machine learning)이 가능해진 것이다. 쉽게 말해, 빅데이터 이전에는 인공지능이 학습할 교재가 없었다는 말이다.

이처럼 빅데이터는 4차 산업혁명의 진원지다. 그리고 이것이 사물인터넷, 클라우드, 인공지능 등과 삼위일체 관계일 수밖에 없는 태생적 이유이기도 하다.

인공지능의 밥은 데이터다. 많이(big) 먹으면 먹을수록 인공지능은 영리해진다. 데이터를 더 많이 확보하려는 싸움이 치열해지고 있는 것이 이 때문이다. 정유기술이 개발되지 않았을 때 석유는 단지 검은 액체에 불과했듯이 빅데이터 분석기술이나 클라우드, 인공지능이 발달되지 않았던 10년 전만 하더라도 빅데이터는 디지털덩어리였다. 그런데 그것이 돈이 되는 시대로 변한 것이다.

이것이 손정의가 IoT와 빅데이터, 그리고 인공지능 사업에 올인하는 이유다. IoT 기기들이 쏟아내는 빅데이터를 분석하고 가공할 때 엄청난 가치가 창출될 것이고, 소프트뱅크가 플랫폼제국이 되는 꿈을 꾸고 있는 것이다.

사물의 경제에서 정보의 경제로

앞 장에서 언급했듯이 데이터만으로는 돈이 안 된다. 데이터는 정보로 정제되어야 하고, 정보는 다시 지식으로 전환되어야 비로소 가치를 창출할 수 있는데, 이것을 지식기반사업이라 한다.

지식기반사업은 자본기반사업에 대비되는 개념이다. 자본주의 산업시대는 자본이 가치 창출의 원천이었다. 자본을 투입해서 공장 짓고 기계와 원재료를 사서 생산과 유통을 통해 돈을 버는 것이 사업의 공식이었다. 여기서는 상품을 품질 좋고 차별화되게 만들어 영업과 프로모션을 잘하는 것이 경영의 핵심 포인트다.

이처럼 산업시대는 사물의 경제논리가 득세하던 시절이었다. 그런데 4차 산업혁명은 가치방정식을 바꾸고 있다. 정보의 경제논리로 패러다임이 이동하고 있는 것이다. 사물의 경제논리와 정보의 경제논리는 어떻게 다른 것인가?

사물의 경제논리란 초점이 하드웨어에 맞춰져 있는 것이다. 즉, 품질 좋고 기능이나 성능을 차별화해서 제품을 잘 만들어 영업 잘하면 성공할 수 있다는 믿음이다. 그런데 경쟁사 간 그런 실력의 차이가 점점 평준화되고 있다. 눈을 가리고 마시면 코카콜라와 펩시콜라의 맛을 구분할 수 있는 사람 별로 없고, 루이비통 가방도 로고를 떼어놓으면 짝퉁 가방과 구분해 내지 못한다. 스마트폰 기능도 새로운 것이 나와 봐야 조금 지나면 다 쫓아온다. 그곳은 이미 레드오션이 되어 버렸다.

또 이제 고객들은 상품/서비스(사물)가 아니라 가치(정보)를 산다. 사물을 잘 만드는 것으로는 가치의 차이를 느끼게 할 수 없고 고객을 감동시키지 못하는 변화가 일어난 것이다. 정보의 경제논리는 경험, 스토리, 문화 등을 융합하는 기술이다. 다시 말해, 공장에서 생산되는 하드웨어 제품에 소프트 파워를 입히는 작업이다. 그러면 죽어 있던 제품에 지능이 생기고 생명이 살아난다. 제품에 IoT를 접목하는 시도를 해보라고 했던 것도 이런 맥락이다.

상품에 날개를 달아 블루오션으로 날아가게 하려면 상품이나 생산에 대한 고정관념을 버려야 한다. 상품이란 공장에서 대량생산된 사물이 아니라 '고객에게 제공되는 가치의 총체물'이고, 생산의 개념도 유형의 사물을 만들어 내는 것이 아니라 기존에 존재하고 있는 것들을 연결하고 융합하는 과정까지 확장되어야 하는 것이다. 사물의 경제에서 정보의 경제로, 다른 말로 자본기반사업에서 지식기반사업으로 전환하게 만들어 주는 것이 빅데이터다.

빅데이터를 활용하여 자본기반에서 지식기반으로 전환한다는 것이 어떤 것인지를 잘 보여준 사례가 GE다.

GE의 소프트 변신

제너럴 일렉트릭은 에디슨이 1878년 전기조명회사로 시작한 세계 최대의 글로벌 인프라 기업이다. GE는 지속적으로 변신과 혁신을 이어왔는데, 모체였던 전기 가전제품은 중국 하이얼에 매각했고, 지금은 전력, 항공, 헬스케어, 운송 등의 분야 사업에 집중하고 있다.

제조업체의 대명사였던 GE가 소프트웨어 사업으로 눈을 돌렸다. GE는 과거에는 조명기기나 가스 터빈 등을 제조하는 하드웨어 생산이 주요 사업 분야였지만, 지금은 데이터를 직접 생성하고 모델링하는 소프트웨어 기업으로 변신하고 있는 것이다.

하드웨어만을 만드는 제조업만으로는 성장이 어렵다고 판단한 제프리 이멜트 회장은 "GE를 대표적인 디지털 기업으로 육성하겠다"라고 선언하며 "2020년까지 세계 소프트웨어 기업의 톱10이 되는 것이 목표"라고 밝히기도 했다. 이 말은 GE의 사업자등록증 상의 업종을 마이크로소프트나 구글처럼 소프트웨어 업종으로 고치겠다는 말이 아니라 수익창출방식을 바꾸겠다는 뜻이다.

제조업은 대표적인 자본기반사업이다. 자본을 투하해서 공장 짓고 기계와 원재료를 구매해서 대량으로 생산하는 방식인데, 소프트웨어 기업으로 변신한다는 것은 지식기반사업으로 전환하는 것을 의미한다. 즉, 산업시대에는 자본이 돈을 버는 원천이었는데, 정보 시대에는 지식이 돈을 벌어 주는 것이다.

예를 들어, GE가 제조하는 가스 터빈에는 센서들이 부착되어 있고, 그 센서들은 데이터를 실시간 컨트롤서버로 전송한다. 분석자들은 그 빅데이터를 처리해서 가동시간이나 엔진의 속도를 조정할 수 있다. 1%만 효율을 높여도 수억 달러의 비용 절감효과를 거둘 수 있기 때문에 고객사들은 GE에게 기꺼이 대가를 지불한다. 이것이 스마트 팩토리(smart factory)의 모습이다.

또 과거에는 항공기 엔진을 단순 판매했었지만, 항공기 엔진에 센서를 부착하여 사전에 고장상태나 장애를 예측하고, 최적의 비행 항로를 제시하는 등의 유지보수서비스로 사업모델을 바꾸었다. GE 컨트롤센터에서 항공기와 통신하면서 가장 안전하고 에너지 효율적인 항공조건을 제시하는데, 항공사들은 GE의 서비스를 환영할 수밖에 없다.

이것은 공항 입장에서도 유리하다. GE의 CCO 마크 셰퍼드(Mark Sheppard)는 "뉴질랜드의 퀸즈타운 공항은 험한 지형과 안개가 자주 끼는 날씨 탓에 비행기가 착륙하기 어려운 곳으로 유명했지만, GE의 운영체제인 프레딕스를 기반으로 한 빅데이터 분석을 통해 공항의 효율성을 극대화시킬 수 있었다."라고 설명했다.

그의 설명에 따르면 GE는 날씨와 비행기의 과거 착륙 데이터를 분석한 뒤, 1시간에 5대밖에 착륙할 수 없었던 공항 여건을 12대까지 착륙할 수 있도록 개선한 것으로 나타났고, 그렇게 착륙 여건이 개선되자 항공기는 연료를 절약하게 되었고, 연착하는 횟수도 20%까지 감소되면서 전 세계 항공사들의 호평이 이어지고 있는 상황이라는 것이다.

GE 수익의 75%가 이와 같은 서비스에서 창출된다고 한다. 즉, 가스 터빈이나 항공기엔진 등 하드웨어를 판매해서 벌어들이는 마진 수익보다 빅데이터 분석으로 버는 서비스 수익이 더 커진 것이다. GE는 지식기반사업모델로 혁신하고 있다.

제조업이 위기에 봉착해 있다. 시장은 포화상태이고, 기업 입장에서는 대량생산을 해야 규모의 경제가 생기는데 고객들의 취향이 세분화되면서 다품종 소량생산을 해야 하니 수익성이 떨어질 수밖에 없는 상황이다.

4차 산업혁명이라는 용어도 사실은 제조업의 르네상스를 만들어 보자는 취지에서 나왔다. 제조업의 강국인 독일은 이미 '인더스트리4.0'이라는 용어를 표방하고 있었는데, 이것을 다보스 포럼의 클라우스 슈밥 회장이 4차 산업혁명이라 주창한 것이다.

그러나 위기에 봉착한 것은 제조업뿐만은 아니다. 단순 서비스업 역시 과거와 같은 방식으로는 생존이 어려워진다. 예를 들어, 광고 대행업이 계속 존재할 수 있을까? 대행업이란 정보의 비대칭 때문에 존재할 수 있는 것인데, 인터넷이 비대칭 문제를 해소하면서 입지가 좁아지고 있다. 빅데이터 분석을 기반으로 광고 시안을 만드는 인공지능이 등장하고 있고, 미디어 환경도 변하면서 대행사를 거치지 않고 플러그인 방식의 광고플랫폼들이 늘어나고 있다. 존재의 이유가 없어지는 것이다. 무역업이나 유통업, 금융업도 마찬가지다. 산업시대의 가치사슬이 붕괴되면서 시장은 플랫폼으로 변하고 있고, 게임의 룰도 달라지고 있다.

어느 누구도 이와 같은 거대한 물결에서 자유로울 수 없다. 이제 제품을 잘 만들어 잘 팔면 성공하던 자본주의 시대는 갔고 데이터를 자원삼아 소프트 파워를 입히는 지식기반사업모델로 전환해야 하는 당위성에 우리 모두 직면해 있는 것이다.

지식기반사업과 제휴하다

에너지 IoT 플랫폼의 꿈, 인코어드 테크놀로지스

손정의도 지식기반사업모델과 제휴하기 시작했다. 인코어드 테크놀로지스, 가던트 헬스, 플렌티 등인데, 이들이 어떤 회사이고 어떤 비전을 갖고 있는지를 살펴보자. 먼저 인코어드 테크놀로지스는 한국 대기업 CEO 출신의 최종웅 대표가 2013년 미국 실리콘밸리에서 창업한 스타트업이다.

"제 인생에서 가장 후회되는 순간은 젊은 시절 실리콘밸리로 갈 기회를 포기한 때입니다. 안정적인 삶과 직장을 택한 결과 LS산전에서 사장까지 지냈지만 이루지 못한 꿈에 대한 설렘은 아직 그대로입니다. 대기업 사장직을 내려놓고 실리콘밸리로 날아가 글로벌 에너지 플랫폼 기업을 창업하게 된 이유기도 합니다."라고 말하는 최 대표는 '에너톡'이라는 에너지 빅데이터 기반의 스마트미터를 개발해서 한국과 실리콘밸리에 타진했는데, 오히려 미국에서 긍정적인 반응이 왔다고 한다. 그래서 먼저 실리콘밸리에 본사를 세우고 한국과 일본 법인을 만들었다. 그런데, 소프트뱅크가 인코어드 일본 법인에 투자해서 '인코어드 저팬'이라는 합자회사로 전환한 것이다.

인코어드의 주력상품인 '에너톡'은 집안의 가전기기별로 에너지 사용량 데이터를 수집해서 분석한 후 에너지 절감을 위한 가이드라인을 제공하는 실시간 에너지 계량기다. 산업용과 빌딩 등은 검침 시설이 잘돼 있어 파악이 가능하지만 가정용은 계량기가 달려 있어도 원격 검침이 잘 안 된다. 한 달에 한 번 경비실에서 적든지, 한전 검침원이 계량기 눈금을 보고 손으로 적는 게 관행처럼 되어 있다 보니 전력 손실도 많고 자칫하면 전기요금 폭탄 시비도 생길 수 있는 것이다.

인코어드가 이 점에 착안했다. 가정 내 분전반(두꺼비집)에 에너톡 측정용 기기를 설치한 후 스마트폰에 설치된 에너톡 앱을 통해 전기 사용량, 사용량 예측, 대기 전력, 누진 단계 등을 실시간으로 확인할 수 있는 방식이다. 기존의 전기요금 고지서에서 확인할 수 없던 가전기기 노후화와 계량기 오작동이나 결선 등까지도 파악할 수 있는 장점도 있는데, LG유플러스와 계약을 맺고 홈IoT 서비스에 에너톡을 제공하고 있다.

그런데, 여기서 더 중요한 포인트는 따로 있다. 에너톡이 1초 단위로 에너지, 전기데이터를 수집한다는 것은 가정의 생활 패턴을 알 수 있다는 것을 의미한다는 점이다. 언제 세탁기를 돌리고, 언제 에어컨을 틀었는지 등의 측정이 가능하다. 계량기에 부착한 센서 기기를 통해 신호를 수집하고 인공지능(AI)을 통해 데이터를 가전제품별로 분류하는데, 이러한 생활데이터는 매우 큰 가치를 창출할 수 있다. 다시 말해, 에너톡으로 에너지와 전기료만 절약하는 것이 아니라 에너톡으로부터 가치 있는 빅데이터가 생성된다는 말이다.

최 대표는 데이터의 중요성을 인식하지 못하는 한국 현실에 대해 이런 말로 안타까움을 표현했다.

"에너지 데이터를 분석하겠다고 했지만 국내에서는 다들 황당해 하거나 믿지 않았다. 데이터를 어떻게 사용할 수 있는지 그 가치를 모르고 있었던 것이다. 알파고 이전에는 한국에서는 데이터나 소프트웨어(SW)를 공짜로 쓰는 것으로만 인식하고 큰 가치를 두지 않고 있었다."

〈 enertalk - 보이는 전기에너지 〉

한국 투자자들에게 퇴짜를 맞고 실리콘밸리에서 창업한 이유가 여기에 있다. 미국 투자자들은 '매출'이 아닌 '데이터를 몇 년 동안 어떻게 모을지'만 묻고는 바로 투자를 결정했기 때문인데, 인코어드 테크놀로지스는 조지 소로스로부터 투자를 받아 유명세를 타기도 했다.

손정의 역시 에너지 시장의 변화 트렌드를 읽고 인코어드 테크놀로지스와 연합한 것이다. 전력시장도 변하고 있고, 에너지는 인류 미래의 가장 핫한 분야 중 하나이기 때문이다. 인코어드의 에너지 빅데이터 분석과 예측 기술과 소프트뱅크의 통신을 융합해서 새로운 가치를 만드는 에너지 IoT 플랫폼으로 진화시키겠다는 비전을 밝힌 셈이다.

인공지능으로 암을 예측하는 가던트 헬스

손정의가 선택한 또 하나의 지식기반사업모델은 의료 분야다. 가던트 헬스(Guardant health)에 4,000억 원을 투자했는데, 세계 혈액 검사 시장의 90%를 점유하며 암을 인공지능으로 예측하는 기술을 보유하고 있는 회사다.

조직검사를 하지 않고도 간단히 혈액을 채취해서 생체테스트만으로 암을 조기 진단할 수 있다면 얼마나 좋을까? 혈액검사만으로 암 진단을 가능하게 하는 기술은 많은 사람들의 꿈이다. 실리콘밸리에만도 이런 연구자들이 무수히 많다.

가던트 헬스의 창업자 헬미 엘토우키(Helmy Eltoukhy)도 그런 사람이다. 스탠포드에서 전자공학을 전공한 엘토우키 박사는 'Stanford Genome Technology Center(SGTC)'에서 유전자 배열기술을 연구하다가 2007년 어벤톰(Avantome)을 창업해서 세계 최대의 유전체분석 장비업체인 일루미나(Illumina)에 매각한 경력도 가지고 있는데, 2012년 다시 창업한 헬스케어 회사가 가던트 헬스다.

가던트 헬스의 핵심기술은 의학이나 바이오 분야가 아니라 반도체 배열 플랫폼과 알고리즘이다. 혈액에는 암 세포가 돌아다니지 않는다. 그래서 혈액에서 채취한 DNA 배열을 분석하면 되겠다는 데에 착안했다. 거기에 엘토우키 박사의 전공인 반도체 배열기술을 적용한 것인데, 이것은 빅데이터의 문제다. 그래서 실리콘밸리에서는 군비경쟁(arms race)이라고 표현하는데, 데이터 양의 싸움이라는 의미다. 엄청난 양의 빅데이터를 수집하고 분석해서 의미 있는 정보를 추출해 내는 기술이 핵심이다. 그는 '소프트뱅크 월드 2017'에서 이런 연설을 했다.

"미국에서 종합 혈액생체검사 시장의 90% 시장을 갖고 있다. 이 자료를 모아 인공지능으로 분석하면 훨씬 정확도가 높아진다. 데이터로 암을 정복하자는 것이다. 혈액 검사를 하면 조직 검사에 비해 시간과 비용이 훨씬 절약된다. 처음 수백 명에서 이제 수만 명이 됐고 가까운 시일 내에 100만 명의 혈액검사 데이터를 갖고자 한다. 이를 위해서는 소프트뱅크와의 협력이 불가결하다. 장래 100만 명 데이터 시대가 오면 훨씬 정확한 진단이 가능할 것이다."

이렇게 의료 분야에서도 빅데이터의 중요성이 커지고 있다. 빅데이터 분석과 인공지능이 발달하면 의학과 과학의 이론들이 새로 써질 수도 있다. 과학이란 관찰과 실험이 밑받침되어야 하는데, 지구 곳곳에 퍼져 있는 IoT 기기들이 데이터를 수집하고 인공지능이 분석한다면 전혀 예상치 못했던 물리법칙이 발견될 수도 있다.

지금까지 학문이란 인과관계를 따지는 것이지만, 인공지능은 빅데이터들의 상관관계를 분석한다. 생각지 못했던 요인들 간의 상관성이 밝혀지면서 지식체제가 바뀌고 경천동지할 만한 전환이 일어날 수도 있는 일이다. 또 빅데이터 없이는 자본기반사업이 지식기반사업으로 전환될 수 없음을 이해해야 한다.

스마트농장, 플렌티

손정의는 '플렌티(Plenty)'라는 농업 기업에도 2,000억 원 넘게 투자했다. 샌프란시스코 남부에 위치하고 있는 5만2,000여㎡ 규모의 실내 농장에서 LED 조명으로 작물을 재배하는데, IoT 센서와 머신러닝을 이용한 도시형 버티컬 파밍으로 기존 농장보다 350배 더 많은 야채를 생산할 수 있고, 살충제와 GMO가 없어도 대량의 유기농 작물을 재배할 수 있는 기술을 보유한 회사다.

전 세계적으로 도시화가 진전되다 보니 과거와 같은 식품의 생산과 유통방식으로는 가격이나 신선도 측면에서 문제가 될 수밖에 없다. 시골에서 재배된 과일과 채소는 고속도로와 저장 창고에서 오랜 시간을 낭비한다. 텃밭에서 막 따먹는 신선도를 느낄 수 없고, 유통과정에서 가격의 거품도 끼어 있는 것이다. 그래서 도시의 집 안에서 재배하고 금방 먹을 수 있게 하자는 것이 플렌티의 구상이었다.

플렌티의 맷 버너드(Matt Barnard) 대표는 '소프트뱅크 월드 2017'

에서 "앞으로의 농업은 기존 경작지대의 1%, 물 소비량의 1%로 가능해지는 시대가 됐다. 지금처럼 먼 거리를 유통해 오래된 농산물을 먹는 것이 아니라 유기농에, 싸고, 신선한 농작물을 먹을 수 있다."면서 글로벌 농장 네트워크를 구축하겠다는 포부를 밝혔다.

〈 플렌티 〉

〈 스마트농장 에어로팜스 〉

이를 위해서는 최첨단 LED 조명, 마이크로 센서 기술 및 빅데이터 처리 분석기술이 필수적이다. 그리고 스마트농장은 스마트시티의 일환이기도 하다. 소프트뱅크가 플렌티와 손을 잡은 것은 도시농장에 관심이 많은 일본에서는 더 큰 호응을 얻을 가능성이 크기 때문이다.

이렇게 빅데이터를 활용하는 지식기반사업모델은 특정 업종에만 해당되는 것이 아니다. 모든 회사가 지식기반사업으로 전환할 수 있다. 아니, 그래야 한다.

지식기반사업은
혁명적인 부 창출체제다

융합마케팅 전략으로 전환해야 하는 이유

지식기반사업의 물결이 몰려오고 있다. 자본기반사업구조에 머물러 있다가는 쓰나미가 덮친다. 업종 불문, 규모 불문하고 IoT의 구조와 본질을 이해하고 IoT를 근간으로 비즈니스 모델과 업무 프로세스를 혁신해 가야 한다. IoT를 적용하라는 것은 모두 센서 달린 마이크로 칩을 심으라는 말이 아니다. IoT를 사물의 경제논리로 인식하지 말고 정보의 경제논리로 인식해야 한다. IoT의 핵심은 데이터다. 즉, 돈을 버는 것은 IoT라는 사물이 아니라 정보라는 말이다.

구글은 검색을 기반으로, 페이스북이나 텐센트 등 SNS 기업들은 사람들이 주고받는 메시지를 기반으로, 또 아마존이나 마이크로소프트 등은 클라우드를 기반으로 빅데이터를 모으고 있다. 왜냐 하면 데이터가 자원이고, 그래야 플랫폼제국이 될 수 있기 때문이다.

손정의가 IoT와 빅데이터, 인공지능에 투자하는 것은 그것이 기존 소프트뱅크의 사업영역이나 비전과 잘 맞기 때문이지 모든 회사들이 그대로 따라할 수 있는 건 아니다. 앞에서 예를 든 GE뿐 아니라 지멘스, 하이얼을 비롯한 거대 제조업체들이 제품을 IoT에 연결하고, 연결된 제품들은 데이터를 끊임없이 중앙 플랫폼으로 전송하고, 제품과 제품들은 통신하면서 중앙 플랫폼을 통해 서로 학습하게 함으로써 각 제품이 자원을 더 효율적으로 사용하고 더욱 신뢰할 만한 서비스를 제공할 수 있도록 하는 방식을 택하는 것은 그것이 자신들의 사업방식과 매칭되기 때문일 뿐이다.

당신 회사의 DNA에 적합한 전략을 생각해야 한다. 예를 들어, 눈에 보이지 않는 서비스 상품의 경우에는 어디에 센서를 달 수 있겠는가? 또 제조업이라 하더라도 식음료 같은 상품에 마이크로 칩을 넣으면 어떻게 되겠는가? AT 커니의 앨드리치는 이 문제를 〈디지털 시장의 지배〉에서 이렇게 설명했다.

"제조업자는 제조 기술 경쟁보다는 공급자와 소비자의 전자적 연결과 능동적인 프로세스를 위한 IT 이행에 더 노력을 기울인다. 물류업자들은 일군의 트럭 관리보다는, 모든 화물이 어디로 수송

중인지를 알고 통신과 IT의 효과적인 사용을 통해 선적과 발송을 최적화하는 데 더 경쟁력을 기울인다. 소매업자들은 점포의 위치나 상품 진열보다 어떻게 소비패턴을 따라잡을 것인지, 또한 공급자와의 긴밀한 유대를 위하여 판매정보를 어떻게 이용할 것인지에 대해 더욱더 노력을 한다."

이 말이 어떤 의미인지 이해될 것이다. 편의점이나 할인점 등 유통업체들은 이미 자신들의 판매데이터를 입점업체들에게 판매하기 시작했다. 이런 전수(全數) 데이터는 과거 닐슨이 표본조사방식으로 분석하던 소비자 지수(retail index)보다 정확할 뿐 아니라 실시간 제공이 가능하다. 신용카드회사 입장에서는 거래수수료 수입보다 고객들의 카드사용 데이터 분석에서 나오는 수익이 더 커질 수 있다. 2016년 미국 마스터카드는 고객들의 신용카드 사용정보 판매로 3.5억 달러의 수입을 올렸다.

우리는 흔히 가치사슬을 얘기할 때 물리적 사물의 이동으로 생각하지만 사실은 그러한 행동을 결합시켜 주는 핵심은 정보다. 정보의 경제논리로 생각한다면 업종에 상관없이 데이터를 모으고 분석할 수 있다.

IoT의 본질은 연결이라는 얘기를 했었다. 단지 제품을 잘 만들어 잘 팔면 성공하던 시대는 지나갔다. 이젠 연결하려는 노력을 해야

만 한다. 다양한 네트워킹과 제휴, 그리고 다른 회사나 개인들과의 협업 과정에서 빅데이터들이 쏟아질 수 있다. 상품을 팔지 말고 경험, 문화, 콘텐츠, 커뮤니티 등을 융합해야 하는 이유도 여기에 있다. 제품력만 좋으면 잘 팔릴 것이라 생각하는 것은 극단적인 사물의 경제논리다. 물리적 상품에 정보적 요소들을 융합하는 융합마케팅전략으로 전환해야 한다.

나는 당신이 내년 여름에 할 일을 알고 있다

이제 소비자들은 하드웨어로서의 상품/서비스 자체에서 가치를 느끼는 것이 아니라 색다른 경험, 스토리, 문화, 콘텐츠 등에서 가치를 느끼는 변화가 일어나고 있다. 즉, 고객들이 원하는 것은 품질 좋고 기능이 차별화되는 상품이 아니라 자신의 문제를 알아주고 해결해 줄 수 있는 개인화된 솔루션이다.

과거에는 여러 경쟁제품 중에서 어느 것이 품질이나 성능이 좋은가 애프터서비스는 어느 회사가 잘 하나 등을 따졌다. 그러나 이젠 기업 간 기술력이나 품질 등은 크게 차이나지 않는다. 물론 지금까지 못 보던 새로운 발명품으로 대박칠 수도 있겠지만 조금 지나면 경쟁사가 금방 따라잡아 지속가능(sustainable)이 어려운 상황으로 변했다. 특허는 다르다는 점을 인정해 주는 것이지 돈 버는 것을 보증해 주는 것이 아니다. 게임의 룰이 바뀌면 무용지물이 될 수도 있고, 자본기반방식은 많은 돈을 필요로 한다.

소비자들의 선택기준은 "어느 회사가 나를 알아주나"로 바뀌었다. 고객들은 하이테크 제품보다 하이터치 제품을 원한다. 나의 문제를 파악하고 있고 나에게 맞춤솔루션을 제시해 줄 뿐만 아니라 감성적 터치까지 해줄 수 있는 회사를 선택하는 것이다. 그러려면 고객에 대한 지식이 있어야 한다.

정보란 데이터를 가공해서 의미로 전환한 것인데, 지식이란 여기서 한 걸음 더 치고 나가는 개념이다. 즉, 지식(knowledge)이란 정보(information)를 상품이나 서비스에 실제로 적용시키는 것을 의미한다. 기업이 고객에 대한 정보를 가지고 있다는 것과 고객을 알아준다는 것, 다른 표현으로 고객에 대한 지식이 있다는 것은 다른 의미다.

정보가 지식으로 전환되어야 비로소 가치가 창출될 수 있다. 고객의 소비성향을 알고 라이프스타일을 파악하고 있는 것, 즉 정보 자체로는 고객에게 가치를 느끼게 해줄 수 없는 것이고 그것을 구체적으로 실제화했을 때 고객이 가치를 느낀다. 예를 들어, 당신에게 어떤 제품이 필요할지 알고 미리 할인쿠폰을 보내 준다? 자주 쓰는 제품에 대해서 특별제안을 해준다? 그것은 회사가 당신을 알아주는 것을 의미한다. 또 어느 식당에 갔더니 말하지 않았는데도 당뇨 증상이 있다는 것을 미리 알아서 특별조리를 해준다면 어떤 기분이 들겠는가? 또는 호텔에 갔더니 종업원이 나와서 발레 파킹을 해준다면?

플랫폼제국을 꿈꾸는 기업들이 전력을 다하고 있는 것이 이 부분이다. 아마존은 고객들의 빅데이터를 분석해서 상품도 추천해 주고, 케첩이 떨어질 때를 예측해서 고객의 집에서 가장 가까운 물류센터에 미리 배송해 놓는다. 알리바바는 알리페이를 사용한 고객들의 정보를 토대로 개인맞춤화 서비스를 제공할 수 있다. 예를 들어, A라는 사람이 타오바오를 접속했을 때의 화면과 B라는 사람이 접속했을 때의 페이지는 다를 수 있다. 모든 것을 알고 있는 구글 신(神)은 당신이 누군지 알아서 검색결과를 최적화해 준다. "나는 당신이 지난여름에 한 일을 알고 있다."에서 "나는 당신이 내년 여름에 할 일을 알고 있다."로 진화해 가고 있는 것이다.

이것이 고객에 대한 지식을 가지고 있다는 개념이고, 이래야 고객이 우리 브랜드와 지속적인 관계를 유지할 뿐 아니라 스스로 홍보대사가 되어서 더 많은 연결을 가져다주게 될 것이다. 상품에 경험, 스토리, 문화, 콘텐츠, 커뮤니티 등을 융합하면서 고객들과 어울릴 때 데이터가 생기고, 데이터를 분석해서 고객에게 가치를 제공하면 선순환이 일어나는 가치의 루프가 형성되는 것이 지식기반 사업이다.

혁명적인 부 창출체제가 출현한다

미래학자들의 공통된 예측은 경제성장의 다음 물결은 지식기반 사업에서 올 것이라는 점이다. 앨빈 토플러는 〈권력 이동(Power Shift)〉에서 "지금부터는 모든 단계에서 가치를 구현하고 부가해 주는 것이 값싼 노동이 아니라 지식, 원자재가 아니라 기호들이 될 것이다."라는 말을 했다.

산업시대 생산의 3요소는 토지, 노동, 자본이었다. 요소투입형 경제다. 그러나 가치는 더 이상 토지, 노동, 자본의 결합에만 의존하지 않는다. 토플러의 말대로 이 세상의 모든 토지, 노동, 자본을 합치더라도 그것들이 종전보다 훨씬 높은 차원에서 통합되지 않는다면 경제는 아무런 부가가치도, 아무런 부도 창출해 낼 수 없다. '훨씬 높은 차원의 통합' 이라는 말이 지식기반사업을 의미하는 것이다. 4차 산업혁명은 "지구상에 혁명적인 부 창출체제가 출현"하고 있다는 토플러의 예언을 현실화 시키고 있다.

다시 강조하건데, 단순히 제품을 잘 만들어 잘 팔면 성공하던 시대는 지났다. 지식기반사업모델로 전환하는 혁신을 서둘러야 한다. 지식기반사업이란 빅데이터를 효과적으로 분석하고 조작하여 지식으로 전환하는 것인데, 이를 위해 클라우드, 빅데이터 분석, 사물인터넷, 인공지능 기술 등의 활용은 필수적이다. 칼이나 총으로 전쟁하던 시대는 지났다. 미사일과 위성이 날아다니는 시대로 변한 것이다. 전략과 방식을 업그레이드하려면 디지털 기술을 적극 활용해야 하고 디지털 트랜스포메이션에 투자해야 한다. 4차 산업혁명을 언급할 때 이 기술들이 빠지지 않는 것이나 손정의가 승부수를 띄우는 이유가 여기에 있다.

　한국기업들에게 부족한 점은 데이터의 중요성에 대해 잘 이해하지 못한다는 것이다. 지식기반사업의 첫걸음은 우리 머릿속을 정보의 경제논리로 포맷하는 일이다. 사물의 경제논리에 갇혀 있어서는 데이터의 가치를 알아보기 어렵다. 쓸모없어 보이는 데이터를 가치로 전환하는 것이 빅데이터 기술이고 지식기반사업으로 가는 길이다. 17세기 식민지 개척에 나섰던 네덜란드 상인들은 아메리카 대륙 동쪽에 있는 한 작은 섬을 구입한다. 원주민들에게 당시 돈으로 1,000불을 주고 샀다는데, 그 섬의 이름이 맨해튼이다. 또 미국은 1867년 알래스카 땅을 러시아로부터 사들였다. 석유와 천연자원의 보고인 알래스카는 미국에게 수천 배의 이익을 가져다주었다. 가치는 자신을 알아주는 사람에게만 모습을 드러내는 법이다.

5

인공지능과
로봇 융합에 미래를 걸다

" 인간의 수명도 100세는 기본이 됐다.
가까운 장래에 200세 시대도 열릴 것이다.
휴대전화가 스마트폰이 되며 혁명적 변화를 가져왔듯
지혜가 없는 단순 로봇에서 지능을 가진 스마트 로봇의 등장은
차원이 다른 세계가 될 것이다.
인공지능을 지니며 스마트 로봇으로 탄생해
스스로 학습, 스스로 현명해지고
사람들의 마음을 이해하고 스스로 고도화될 것이다. "

인공지능의 두뇌, 클라우드 컴퓨팅

페퍼의 꿈

2015년 소프트뱅크는 인간형 인공지능 로봇 '페퍼 (Pepper)'를 상용화하고 출시 1분 만에 전량 매진되는 기록을 보인 바 있다. 통신회사인 소프트뱅크는 자체적으로 로봇이나 인공지능 기술을 가지고 있지 않아 2012년 인수했던 프랑스 알데바란 로보틱스의 로봇기술을 활용하고 인공지능은 IBM의 왓슨을 결합해서 페퍼를 만들었다.

페퍼는 사람의 말도 알아들어 원어민처럼 대화할 수 있을 뿐 아니라 상대방의 감정까지 인식한다. 또 기분이 좋은지 우울한지, 무엇을 좋아하는지 등을 알아차린다. 아이들의 친구가 되어줄 수도 있고, 때로는 도우미나 선생님이 될 수도 있다. 고령사회인 일본에서 노인들에게 노래를 불러주거나 춤을 추어주기도 하고 말동무도

되는데, 감정을 교류하고 사랑을 느낄 수 있는 단계까지 진화하고 있는 것이다.

그런데, 페퍼 로봇의 몸통에는 두뇌가 없다. 그러면 어떻게 인공지능이 되는가? 페퍼의 두뇌는 저 하늘 구름 위에 있다. 즉, 클라우드 AI인 셈이다. 페퍼가 학습한 감정과 행동 양식은 모든 페퍼들이 연결된 클라우드를 통해 공유되고, 이를 통해 페퍼는 복잡한 감정을 더 빨리 학습하고 이에 더 정교하게 반응할 수 있다. 집단지능까지 활용해서 스스로 학습하고 진화할 수 있는 것이다.

〈 Pepper 〉

페퍼는 한화로 약 2백만 원이다. 좋은 노트북 하나 사는 금액인데, 원가에도 못 미치는 가격이지만 소프트뱅크가 페퍼를 보급하고 인공지능 로봇사업에 전력투구하는 것은 미래에 투자하는 것이다.

미야우치 소프트뱅크 사장 말처럼 "일본발 로봇 페퍼가 4차 산업혁명의 중심에 서서 로봇 + IoT, 로봇 + AI의 방향으로 사회변혁을 이끌어갈" 비전을 품고 있다. 이 말은 페퍼를 IoT의 허브 역할을 하게 하겠다는 속셈이다. 페퍼가 집이나 자동차나 모든 사물들에게 명령을 내리고 컨트롤하는 비서실장이 되는 셈이다.

소니나 토요타 등 일본기업들은 로봇 개발에 사활을 걸고 있다. 몇 십만 원 정도로 살 수 있는 인공지능 로봇들이 곧 쏟아져 나올 것인데, PC를 로봇이 대체해 가는 시나리오도 가능해진다. 스마트폰을 IoT가 대체해 가듯. 이렇게 인공지능 로봇이 펼쳐갈 세상의 모습이 서서히 드러나고 있는 중이다.

인공지능의 역사와 현황

로봇과 인공지능은 다른 것이다. 로봇은 하드웨어, 즉 사물이고 인공지능은 소프트웨어, 즉 정보다. 로봇하면 인간의 형상을 가지고 있는 물체를 연상하지만 인간의 노동이나 행동을 대신한다는 의미에서 보면 자판기나 PC도 넓은 의미의 로봇이다. 자판기가 점원 대신 커피를 팔고 PC가 우리가 할 작업을 대신해 주니까. 인간의 형상을 가지고 있는 로봇은 휴머노이드(humanoid)라 부른다.

인공지능의 역사는 제2차 세계대전 이후부터 시작되었다. 전자계산기 용도로 개발이 시작된 컴퓨터도 실은 지능화된 기계를 만들기 위함이었다. 그러니까 넓게 보면 컴퓨터 소프트웨어도 인공지능이라 할 수 있다. 또 자판기에도 인공지능이 들어 있다. 돈을 넣으면 얼마인지 인식을 해서 주문한 상품을 내어주고 거스름돈도 계산해서 내준다. 자판기 안에 미리 프로그래밍된 임베디드 CPU가 있어서 가능한 일이다.

이렇게 초기의 인공지능은 프로그램이었다. 사람이 프로그래밍을 해서 집어넣으면 그대로 작동하는 방식이다. 프로그래밍을 한다는 것은 "이럴 경우에는 이렇게 해, 저럴 경우에는 저렇게 하고" 하는 식으로 모든 것을 짜주는 것을 의미한다.

예를 들어, 1996년 세계 체스챔피언을 이긴 IBM의 인공지능 딥 블루(Deep Blue)는 체스의 룰을 입력시키고, 상대방이 이런 수를 두면 어떻게 응수할지 일일이 모든 경우의 수를 예상해서 프로그램화한 것이었다. 그런데 알파고는 그런 프로그래밍 방식이 아니다. 인공신경망을 만든 것이다.

2012년은 인공지능 연구의 분기점이었다. 이전에는 사람이 일일이 프로그래밍을 하는 방식이었는데, 당연히 프로그램은 프로그래머가 의도한 것 이상의 성능을 내지 못한다. 프로그램의 성능을 강화하고 싶다면, 이를 프로그래머가 일일이 개선해야만 하는데, 이런 식으로는 한계가 있을 수밖에 없다. 이것을 룰 기반(rule based) 방식이라 할 수 있다.

알파고는 룰 기반으로 개발된 것이 아니다. 학습 기반(learning based)이다. 학습 기반이란 프로그램을 짜는 것이 아니라 인공신경망을 만드는 방식이다. 뇌 과학자들의 연구에 따르면 사람의 지성은 신경(neuron)의 집합체인 신경망(neural networks)에서 나오는데, 이 신경망을 컴퓨터상에서 구현하는 것이 인공 신경망(artificial neural networks)이다.

일단 사람의 두뇌 구조처럼 인공신경망을 만들어 놓으면 다음부터는 기계가 알아서 스스로 학습을 한다. 비유하자면, 물고기를 잡아다 주는 것이 아니라 물고기 잡는 방법을 가르쳐 주는 것이다. 알파고는 프로그래머와 관계없이 스스로 기력을 향상시켰다. 알파고는 딥마인드라는 영국의 스타트업이 개발했는데, 2014년 구글이 5,000억 원에 인수했다. 딥마인드는 바둑을 프로그래밍한 것이 아니라 인공신경망을 만들고 기계학습(machine learning) 기술을 활용해 알파고가 스스로 바둑을 학습할 수 있는 인프라를 제공한 셈이다. 물론 처음에는 어린아이에게 하듯이 바둑을 가르쳐 줬다.

구글의 인공지능이 벽돌 깨뜨리기 게임을 하는 동영상이 유튜브에서 화제가 된 적이 있었다. 처음에는 쩔쩔매다가 4시간 만에 세계 최고수가 되었다. 스스로 학습하고 진화하는 것이다. 알파고도 이런 원리다. 그래서 프로그래머와 연구자가 의도한 것 이상의 성능을 낼 수 있다. 알파고의 개발자 기력은 아마추어 6단에 불과하지만, 알파고는 이세돌을 이길 수 있는 것이다. 그래서 머신러닝이라 부르기도 하고, 인간의 신경망이 여러 단계의 깊은 레이어(layer)를 가지고 있어 딥 러닝(deep learning)이라 한다.

사실 딥 러닝 방식이 갑자기 등장한 이론은 아니다. 이미 오래전부터 연구되어 오던 방식이었지만 문제는 데이터의 부족에 있었다. 그런데 스마트폰과 SNS의 활용으로 빅데이터 시대가 되고 마침 2012년 캐나다 토론토대학의 제프리 힌튼 교수가 이끄는 '슈퍼비전' 팀이 딥 러닝 기법으로 세계 최대 이미지 인식 경연대회 'ILSVRC(ImageNet Large Scale Visual Recognition Challenge)'에서 압도적인 차이로 우승하면서 딥 러닝 방식이 대세로 자리 잡게 되었던 것이다. 2010년 딥마인드를 창업한 데미스 하사비스가 알파고 개발에 본격 착수한 시점도 이 무렵이었다.

앞장에서 개와 고양이를 구별하는 비유를 들었듯이, 과거에는 프로그래머가 개와 고양이의 차이점을 입력해야 했지만 개와 고양이의 사진이나 영상 빅데이터가 많아지면서 기계가 스스로 학습하는 방식으로 진화가 일어난 것이다. 과학전문지 '뉴 사이언티스트'가 빅데이터 인공지능을 취재하면서 "인간은 완전히 새로운 형태의 인공지능을 창조했다. 그것이 어떻게 생각하고 추론하는지를 인간은 헤아릴 수 없다."(2013. 8. 8.)고 한 말의 진의가 여기에 있다. 인공지능이 인간의 통제범위를 넘어선 것이다.

2017년 알파고가 은퇴를 선언했다. 인공지능의 본업은 바둑이 아니다. 바둑을 통해 인공신경망의 성능은 이제 검증되었으니, 이 인공신경망에 의료를 학습시키면 알파닥터가 되고, 법률을 학습시키면 알파로이어가 된다.

인공지능은 전쟁터와 같다. 구글은 딥마인드까지 인수하며 막강한 연구 인력을 보유하고 있고, IBM, 페이스북, 아마존, 애플, 마이크로소프트 등이 앞서 가지만 그밖에도 수많은 기업들이 인공지능 전쟁에 뛰어들고 있다. 알리바바, 바이두, 텐센트 등 중국기업들도 실리콘밸리에 연구센터를 만들었고, 그들의 기술력도 무섭다. 일본, 영국, 이스라엘 등도 무시할 수 없는 인공지능 강국이다.

클라우드 컴퓨팅은 두뇌다

인공지능 개발의 또 하나의 기술 축은 클라우드 컴퓨팅이다. 인공지능 연구는 인간을 흉내 내는 것인데, 인간처럼 뇌, 신경망, 교육을 컴퓨터에게 제공하면 컴퓨터 역시 지능을 얻을 수 있지 않을까 하는 데서 출발한 것이다. 뇌에 해당하는 것이 바로 클라우드 컴퓨팅 시스템, 신경망에 해당하는 것이 인공신경망, 교육에 해당하는 것이 머신러닝이다.

신경망만으로는 지능이 생기지 않는다. 뇌로 연결되어야 한다. 뇌에 해당하는 것이 바로 클라우드 컴퓨팅 시스템인데, 수많은 CPU와

GPU를 병렬 연결해서 거대한 컴퓨팅 자원으로 바꾸는 기술이다. 클라우드 컴퓨팅은 2006년 아마존이 포문을 열었다고 할 수 있다.

아마존이 AWS(Amazon Web Service)를 시작하게 된 계기는 블랙 프라이데이와 크리스마스였다. 그 시즌만 되면 아마존 웹사이트에는 트래픽이 폭주하는데, 문제는 그게 1년 중 한 달 정도밖에 안 된다는 점이다. 자원의 낭비가 아닐 수 없다. 그래서 나머지 11달 동안은 다른 회사에게 빌려주자는 취지에서 서버 인프라를 빌려주는 EC2 서비스를 선보였다.

때마침 2008년 미국 금융위기는 클라우드 컴퓨팅에 호재로 작용했다. 불황을 극복하려는 기업들의 입장에서 보면, 비싼 돈 내고 구축했지만 특정 용도로밖에 쓸 수 없는 슈퍼컴퓨터보다 훨씬 경제적이기 때문이다. 또 2008년은 스마트폰의 원년이기도 했다. SNS와 스마트폰 때문에 빅데이터가 생성되고, 소프트웨어 기술이 급속하게 발전하면서 클라우드 컴퓨팅이 트렌드가 된 것이다. 여기에 인공지능까지 가세하면서 클라우드 컴퓨팅은 4차 산업혁명의 핵심기술이 되고 있다.

인공지능 전쟁에 뛰어든 플랫폼기업들이 클라우드 컴퓨팅 시스템을 구축하는 이유가 여기에 있다. 아마존의 AWS가 선두주자이지만, 알리바바, 마이크로소프트의 애저(Azure), IBM의 소프트레이어(SoftLayer)와 Google 등이 각축을 벌이고 있는 실정이다.

페퍼의 두뇌를 확보하다, 클라우드마인즈

소프트뱅크는 일단 IBM의 인공지능 왓슨과 손을 잡고 인공지능 로봇 페퍼를 출시했는데, 뇌를 확보하고 진화시키는 데에 계속 투자하고 있다. 클라우드마인즈(CloudMinds)에 투자한 것이 그런 맥락이다.

〈 CloudMinds 〉

클라우드마인즈는 2015년 차이나모바일의 CTO 출신인 빌 황이 창업한 중국 회사다. 로봇의 두뇌를 로봇 안에 두는 것이 아니라 클라우드 상에서 컨트롤하는 시스템을 개발하는 기업이다. 인간의 뇌 무게가 평균 1.5kg 정도인데, 로봇의 인공두뇌는 실리콘 무게만도 1톤이 넘는다고 한다. 무게나 비용 측면에서 따져 봐도 각각의 로봇마다에 이런 걸 넣을 수는 없는 일이다. 또 임베디드(embedded) 스탠드얼론(stand alone) 방식으로는 서로 교류가 안 되기 때문에 스스로 학습하거나 진화하는 데에 한계가 있을 수밖에 없다. 그래서 소프트뱅크의 페퍼 몸 안에는 두뇌가 없고 클라우드와 통신할 수

126

있는 장치만 있는 것이다.

클라우드마인즈는 이렇게 클라우드 기반의 인공지능 로봇의 뇌와 연결서비스를 제공하는 플랫폼기업인데, 시각장애인이 거리를 탐색할 수 있도록 설계된 가이드 헬멧과 애플리케이션인 클라우드 지능 에코시스템도 출시했다. 또 기업의 재무서비스와 생산 부문, 의료 부문이나 정부 등으로 활용 폭을 넓혀가고 있다.

클라우드마인즈는 창업한 지 2년 만에 미국의 유명 컴퓨터잡지 데이터메이션(Datamation)에서 발표한 TOP 20 인공지능 회사에도 랭크될 정도로 촉망받는 기업이다. '소프트뱅크 월드 2017'에서 빌 황 대표가 미래 비전을 이렇게 얘기했다.

"클라우드 자료를 모아 인공지능으로 분석한 뒤 단말기를 통해 서비스를 제공한다. 시각 장애인들이 헬멧을 통해 길 안내를 받을 수 있도록 하는 서비스가 가능한 것이다. 이처럼 청소, 간호, 요리, 대화 등등에 있어 클라우드 컴퓨팅 기능으로 서비스를 제공하고자 한다."

아톰의 추억과 휴머노이드

구글로부터 보스턴 다이나믹스와 샤프트를 인수하다

　만화영화 아톰의 추억이 강렬한 애니메이션의 나라 일본은 다른 나라에 비해 유독 휴머노이드 개발에 집착해 왔었다. 로봇의 실용성에 대해 많은 사람이 의문을 가졌음에도 불구하고 일본인들은 아톰의 꿈이 있었기 때문에 꾸준히 휴머노이드에 연구비를 투자할 수 있었고, 또 많은 인재가 휴머노이드 연구를 위해 매진했다. 일본의 전자와 자동차 회사들이 중심이었고 일본 정부도 꾸준히 지원을 아끼지 않았다.

　손정의도 페퍼에 매우 강한 애착심을 가지고 있다. 2015년 출시하면서 원가에도 훨씬 못 미치는 가격으로 판매한 것도 페퍼를 중심으로 산업구도를 재편하겠다는 야심 때문이다. 각 가정에 TV나

컴퓨터가 보급되어 있듯이 집마다 페퍼를 하나씩 입양하게 하고, 페퍼를 IoT의 허브로 만들겠다는 생각을 품고 있는 것이다.

소프트뱅크는 소니나 혼다, 토요타 등에 비해 로봇 개발도 늦었고 기술력도 확보되어 있지 않은 실정이지만 손정의 특유의 강한 추진력으로 밀어붙이고 있는 것이다. 구글이 2012년 인수했던 보스턴 다이나믹스와 샤프트를 소프트뱅크가 다시 인수한 것도 이런 맥락이다.

보스턴 다이나믹스는 1992년 MIT 미디어랩에서 로봇과 인공지능(AI)을 연구하던 마크 레이버트 교수가 설립한 대학 벤처가 그 출발점이었다. 미국 국방부 산하 DARPA의 지원을 받아 다양한 로봇을 개발해 주목을 끌었었던 회사다.

보스턴 다이나믹스는 2005년 나사(NASA), 하버드대 등과 함께 사족보행 로봇 '빅 도그(Big Dog)'를 개발하며 일약 로봇업계 신데렐라로 떠올랐는데, 빅 도그는 차량이 가기 힘든 황무지에서 물자를 옮기는 목적으로 개발된 로봇으로, 4개의 다리가 달려 있다. 150kg의 짐을 평균 시속 6km 속도로 날랐고, 특히 35도 이상 경사가 있는 언덕도 무리 없이 올라 사람들을 깜짝 놀라게 한 영상은 유튜브에서 엄청난 조회 수를 기록하면서 유명해졌다.

또 인간형 이족보행 로봇 아틀라스(Atlas)도 개발했다. DARPA 예산 지원을 받아 개발된 로봇으로 2013년 7월 공개됐는데 키 180㎝에 무게는 150㎏쯤 된다. 아틀라스는 팔과 다리를 개별적으로 움직이는 휴머노이드로 관절을 조작해 급경사를 내려가는 모습은 마치 사람이 조심스럽게 움직이는 것처럼 정교하다.

구글은 2012~2013년 사이 보스턴 다이나믹스를 비롯해 10여 개 신생 로봇 회사를 잇달아 인수하며 로봇 분야에 공격적으로 투자했었는데, 조직 내부적인 갈등이 있었던 모양이다. 2017년 소프트뱅크에게 다시 보스턴 다이나믹스를 매각했다.

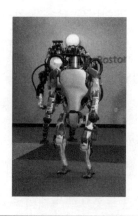

〈 인간형 이족보행 로봇 아틀라스 〉

'소프트뱅크 월드 2017' 행사에서 보스턴 다이나믹스 설립자 겸 CEO인 마크 레이버트는 "걷는 것, 균형을 취하는 것, 그래서 어떤

지면에서도 안정적으로 가동하는 로봇을 지향한다. 배달을 하고, 인간 작업을 대신하고, 인간이 못하는 일을 할 수 있다."라는 연설을 했는데, 페퍼가 지향하는 목표다.

보스턴 다이나믹스와 함께 구글로부터 인수한 또 하나의 휴머노이드 회사는 일본 도쿄대 JSK 로봇연구실의 멤버들이 창업했던 샤프트다. 일본 정부가 지원하는 휴머노이드 로봇 프로젝트인 HRP(Humanoid Robotics Project)의 후원을 받으면서 연구하던 나카니시 유토와 우라타 주니치가 2011년 미국 DARPA가 주최하는 DRC(DARPA Robotics Challenge)에 출전한다.

DRC 대회는 2011년 일본 쓰나미에 의한 후쿠시마 원전사고를 모티브로 만들어진 재난구조 로봇 경연대회다. 당시 사고현장에는 누출된 다량의 방사능에 의하여 사람의 접근이 쉽지 않았었는데, 이를 위해 일본이 자랑하던 무인정찰로봇들이 다량 투입되었지만 울퉁불퉁한 대지와 열악한 통신환경 등 여러 가지 어려움들로 인해 재난 현장 정찰에 성공한 로봇은 하나도 없었다. 이를 계기로 그동안 무인자동차 대회를 이끌던 DARPA가 "재난 현장에 실제로 투입될 수 있는 로봇을 만들어 보자"라는 취지로 대회를 새롭게 정비하여 DRC 대회를 개최한 것이다.

이 대회에서 세계 최고의 휴머노이드 전문가들이 모여 차량 이동, 장애물 통과, 사다리 오르기, 잔해 치우기, 문 열기, 드릴로 벽

뚫기, 밸브 잠그기 등 극악 난이도의 재난구조 미션을 수행하기 위해 자신의 로봇과 로봇 기술력을 겨루었는데, 여기서 샤프트가 압도적 차이로 우승을 한다. 32점 만점에 27점이었는데, 2위를 차지한 카네기 멜론 대학교 팀이 18점을 얻었으니 어느 정도인지 짐작이 갈 일이다.

인공지능 로봇은 상품3.0의 결정체다

보스턴 다이나믹스와 샤프트의 기술이 결합된다면 사람처럼 움직이고 일하고 구조하는 로봇이 가능해질 수 있다. 물론 페퍼부터 적용될 것이다. 그러나 가정에서 그치지 않는다. 산업용 도로, 또 군수용 로봇 시장을 공략할 가능성도 크다. 터미네이터 같은 로봇 군인이 등장할 날이 멀지 않은 것이다.

소프트뱅크는 페퍼의 인공지능화를 통해 IoT 분야의 맹주가 되겠다는 꿈을 꾸고 있다. 소프트뱅크는 페퍼가 의료 목적에도 활용될 수 있다고 밝히면서 일례로 자폐증 어린이나 알츠하이머 환자들은 사람보다는 로봇의 말을 더 잘 따른다고 말한다. 페퍼가 인공지능과 결합하면 교사, 의사, 변호사가 될 수도 있는 것이다.

미야우치 소프트뱅크 사장은 페퍼가 출시된 2016년이 스마트 로봇의 원년이라고 선언하면서, "현재 GE 헬스케어와 같은 대기업부터 스타트업까지 '페퍼 애플리케이션 파트너'로 인증 받은 기업이

200개를 넘었다. 페퍼 하나로 모든 생활·사업체계를 운영할 수 있는 플랫폼은 갖춰진 상황"이라는 말을 했다. 이 말은 많은 기업들이 페퍼에 연결시키려고 줄을 서고 있는데, 페퍼가 의료 분야나 생활가전제품, 자동차, 교육 분야 등에서 IoT의 중심허브로 자리 잡아가고 있다는 얘기다. 마치 아이폰이라는 플랫폼에 수많은 앱들이 모여들었듯이.

로봇은 인류 생활의 일부로 자리 잡아가고 있다. 반려동물도 대체할 수 있다. 인공지능 로봇이 보편화되는 트렌드에 어떻게 대비해야 할까? 당신 회사가 인공지능, 로봇, 클라우드 업종이 아니라고 강 건너 불구경하듯 해서는 안 된다. 인공지능 로봇이 주는 시사점은 크게 두 가지인데, 첫째 모든 상품이 지능화되어야 한다는 것이다. 지능이 없는 상품은 세상과 연결되지 못하고 앞으로 살아남을 수 없기 때문이다.

상품에 지능을 부여하려면 디지털화, 소셜화, 게임화의 세 가지 축으로 진화시켜야 한다. 다른 말로 하면, 상품에 디지털의 옷을 입히고, 소셜 날개를 붙이고, 게임 엔진을 장착해야 한다는 말이다. 흔히 "날개 돋친 듯 팔린다"라는 표현을 쓰는데, 상품이 날개 돋친 듯 뜨려면 이 원리를 적용해야 한다. 이것이 상품3.0의 개념인데, 평면적이 아니라 입체적으로, 또 지능을 부여해서 생명을 불어넣는 작업이다. 인공지능 로봇은 디지털화, 소셜화, 게임화가 구현된 상품3.0의 결정체다. 연결되지 못하는 상품은 죽는다. 상품은 홀로 존재하지 못하는 세상이 되었기 때문이다.

둘째, 인공지능의 힘을 빌리지 않고서는 지식기반사업으로 전환될 수 없다. 빅데이터를 분석하는데 있어서 인간은 인공지능을 당할 재간이 없다. 알파고가 그걸 보여준 셈인데, 그렇기 때문에 인공지능을 적용하는 사업모델을 개발해야 한다. 이제 인공지능은 누구나 퍼다 쓸 수 있다. 구글(TensorFlow), 아마존, 페이스북, 마이크로소프트(MS), 바이두 등의 글로벌 IT 기업들이 자체적으로 개발한 인공지능 소프트웨어 기술을 오픈소스로 공개하고 있기 때문이다.

인공지능은 칼과 활을 대체하는 新무기에 비유할 수 있다. 업종과 규모에 상관없이 인공지능을 장착하고 활용하는 전략을 세워야 한다. IoT, 빅데이터, 클라우드, 인공지능은 떼래야 뗄 수 없는 관계이고, 지식기반사업의 기본 명제임을 놓치지 말아야 한다.

자율주행차가 게임의 법칙을 바꾼다

눈을 확보하다, 나우토

현대인들의 생활의 중심은 집과 자동차다. IoT도 여기서부터 시작되었다. 사물인터넷하면 스마트홈과 스마트카가 먼저 떠오르는 것이 이 때문이다. 소프트뱅크는 페퍼를 IoT의 허브로 자리매김하면서 자동차도 연결시키겠다는 생각을 하고 있다. 자율주행자동차도 일종의 로봇이다. 페퍼는 휴머노이드이고, 자율주행차는 바퀴 달린 로봇이다.

손정의는 나우토(Nauto)라는 자율주행자동차 관련기술 회사에 투자했다. 나우토는 실리콘밸리 팔로알토에서 2015년 스테판 헤크 (Stefan Heck)가 공동 창업한 회사인데, 그레이록 파트너스뿐 아니라 GM, BMW, 토요타, 알리안츠 등으로부터 많은 투자를 받은 기술력을 인정받은 회사다.

자율주행차에는 수많은 센서들이 달려 있다. 인간이 눈을 통해 각종 정보를 읽고 받아들이는 것처럼, 자율주행차 역시 차량에 장착된 카메라나 레이더(Radar), 라이다(LiDAR) 등과 같은 센서로 주변 환경을 파악하고, 스캐너로 정확한 정보를 습득해 인지한다. 또 디지털 지도(Digital Map), GPS 등의 부품들도 들어간다.

이렇게 먼저 인지하고 주위상황을 판단해서 주행전략을 결정하고 나서 차량을 제어한다. 브레이크를 밟을 것인지 아니면 가속을 할 것인지, 또는 핸들을 어느 쪽으로 꺾을 것인지 등을 판단해서 대처하는 것이다. 이것은 인간이 운전하는 것과 같은 방식이다. 자동차를 운전하는 인간은 먼저 눈으로 상황을 인식하는데, 눈이 거리의 이미지를 전기신호로 바꿔서 뇌로 전달하면 뇌가 손과 발에게 지시를 내린다. 이렇게 운전은 크게 두 가지, 인지와 조향으로 나눌 수 있다.

나우토는 인지 분야에 전문성을 가지고 있는 회사다. 헤크 박사는 인지공학을 전공하고 대학과 맥킨지 등에서 기술 컨설팅을 하던, 비전(vision) 즉 인간의 눈에 관련된 분야의 전문가다. 말하자면, 나우토는 자율주행자동차의 눈(eye)을 개발하는 회사다.

나우토는 조향, 즉 인지된 상황에 어떻게 대처할 것인가는 인공지능 기술을 활용한다. 카메라를 아웃사이드와 인사이드, 이렇게 양방향으로 배치해서 아웃사이드의 상황 변화에 인사이드에 있는 인간 운전자가 어떻게 대처하는지에 대한 데이터를 동기화시키고, 이것을 기계에서 학습시키는 것이다. 이것이 기계에게 운전을 가르치는 머신 러닝 방식이고, 딥 러닝 인공지능의 원리다. 알파고에게 바둑을 가르칠 때 수많은 기보를 학습하게 했듯이.

나우토는 아주 조그만 자동차용 임베디드 비전(embedded vision)을 만드는데, 어찌 보면 이것은 블랙박스와 비슷하다. 블랙박스도 자동차 내부와 외부를 카메라로 찍어서 녹화하는 것인데, 나우토는 거기에 빅데이터 분석기술과 인공지능을 융합해서 자율주행이 가능하도록 한 것이다.

이것이 IoT 플랫폼에 연결되면 전국의 도로상황실로 실시간 데이터가 전송되고, 운행 중인 다른 자동차와 교신하여 가장 빠르고 에너지가 절감되는 길을 내비게이션해 줄 수 있게 된다. 또 거리의 신호등들도 가장 최적화된 방식으로 점멸되어 원활한 도로상황을 만들 수 있다. 이것이 스마트거리의 모습이다.

GM, BMW, 토요타 등 자동차회사들이 나우토에 투자한 것이 이런 이유다. 자율주행이 아니라 사람이 운전하는 자동차에도 이 기술은 사고예방에 큰 역할을 할 수 있다. 운전자가 조는지 스마트폰 받느라 상황대처를 못하는지 등을 파악해서 자동차가 스스로 대처할 수 있는 것이다. 스테판 헤크 CEO는 '소프트뱅크 월드 2017'에서 이렇게 연설을 했다.

"현재 우리는 자율 운전 자원의 99%를 낭비하고 있다. 나우토는 운행정보의 인공지능 분석과 대처로 연료 절감, 주차편의 제공, 사고 예방 등에 있어 압도적 편의를 제공할 것이다. 6개월 만에 투자비용이 회수된다."

그런데, 나우토의 기술과 시스템은 자동차에만 국한되는 것은 아니다. 페퍼와 같은 휴머노이드에도 적용될 수 있고 공장이나 산업 현장에서도 반드시 필요한 기술이다. 손정의가 나우토를 파트너로 끌어들인 이유도 여기에 있다.

4차 산업혁명의 블루칩, 엔비디아에 투자하다

손정의의 또 하나의 승부수는 엔비디아(NVIDIA)에 투자한 것이다. 40억 불, 한화로 약 4조 원 이상을 투자하며 엔비디아의 4대 주주가 되었는데, 엔비디아는 GPU(Graphic Processing Unit) 생산업체로 인공지능이 4차 산업혁명의 핵심 기술로 떠오르며 기업 가치도 급성장하고 있는 블루칩이다.

엔비디아의 공동창업자이자 CEO인 젠슨 황은 대만계 미국인이다. 1963년 대만 타이베이에서 태어나 10세가 되던 해에 미국으로 이민을 간다. 학창시절 동양인이라는 이유로 3년 넘게 기숙사 변기를 닦는 인종차별도 겪었다고 하는데, 이를 악물고 악바리처럼 학업에 매진했고 결국 오레곤 주립 대에서 전자공학을 공부하고 스탠포드 대학원 박사 과정을 밟았다.

졸업 후 반도체 제조사 LSI 로직과 AMD에서 CPU 개발자로 일하다가 1993년 엔비디아를 창업했다. 사실 젠슨 황은 CPU 전문가였고, 그래서 CPU를 만드는 회사를 만들려는 생각을 가지고 있었지만 당시 CPU 시장은 인텔 천하였다. 인텔이 모든 CPU 기술을 독점하고 있었고, 이를 바탕으로 386, 486, 펜티엄 등을 만들며 승승장구하고 있던 상황이었다. 결국 CPU 개발의 꿈을 접고 그래픽 처리장치 GPU 시장으로 차별화하기로 결정한다.

젠슨 황은 PC가 딱딱한 사무용 기계로만 이용되지만 언젠가는 게임, 동영상 등 모든 멀티미디어를 즐길 수 있는 기기로 떠오를 것이라고 예측했었는데, 그러려면 그래픽 처리기술이 필요하게 되고, 그걸 해결한 것이 엔비디아의 그래픽카드다. 엔비디아의 GPU 전문 기술력은 슈퍼컴퓨팅을 보다 저렴한 가격대로 실현하여 사용 저변을 확대시킴으로써 혁신적인 병렬처리 기술의 탄생을 이끌기도 했다.

인공지능이 4차 산업혁명의 대세로 떠오르며 엔비디아에 대한 관심은 날로 높아지고 있다. 엔비디아의 GPU가 인공지능이 필요로 하는 병렬연산에서 CPU보다 월등한 성능을 보일 뿐 아니라 이미지를 학습해야 하는 딥 러닝에서는 GPU 기술이 필수적이기 때문에 4차 산업혁명 관련 다양한 분야에서 엔비디아의 칩이 사용된다. 요즘 비트코인을 채굴하려는 사람들이 늘어나면서 엔비디아의 주가가 오르는 것도 이런 연유다.

또 엔비디아는 자율주행차 분야에서도 차별화된 기술을 개발하고 있다. 앞에서 말했듯이 자율주행차에는 많은 센서가 들어가는데 엔비디아는 조금 다른 방식으로 처리한다. 예를 들어, 대부분 자율주행차에는 라이다(LiDAR) 센서가 있는데, 물체에 레이저를 쏘고 돌아오는 시간을 계산해서 인식한다. 그러나 이것은 인간의 눈과는 다른 방식이다. 사람의 눈에서는 레이저를 쏘지 않고 이미지를 그냥 받아들여 그래픽 처리한다. 엔비디아의 그래픽 처리기술과 인공지능기술이 융합되면 별도의 센서 없이도 앞에 있는 물체를 인식할 수 있게 되는 것이다.

엔비디아는 자사의 AI 플랫폼을 테슬라의 전기차 자율주행 시스템에 공급하고 있으며, 메르세데스벤츠, 아우디, 도요타 등과도 기술제휴를 맺고 있다. 국내에서는 SK 텔레콤과 5G 자율주행 기술 개발 협약을 체결하기도 했다.

〈 NVIDIA-GTX-1050 〉

자율주행차의 최종노림수

손정의가 4차 산업혁명의 쌀이라 불리는 핵심 반도체를 싹쓸이 하고 있다. 세계 1위의 주문형 반도체로 불리며 모든 전자제품이나 센서 시장을 사실상 독점하다시피 하고 있는 ARM사를 인수한지 1년도 안 돼 AI와 자율주행차의 핵심반도체 기술을 갖고 있는 엔비디아의 대주주로 올라선 것이다.

이와 같은 소프트뱅크의 행보가 우리가 하고 있는 일과 어떤 관련을 가질까? 모든 회사가 로봇회사나 자율주행차 회사로 변신할 수도, 필요도 없다. 4차 산업혁명이 던지는 시사점은 모든 회사들이 사업모델에 빅데이터 분석기술, 인공지능 등을 융합하고, 다른 사물들과 연결시키려는 노력을 해야 한다는 것이다.

손정의가 자율주행차에 투자하는 것은 물론 그것을 판매하는 것 자체로도 수익이 되겠지만 그것이 최종노림수는 아니다. 자율주행이 되면 어떤 일이 벌어질지 생각해 보자. 우버나 리프트, 디디추싱 같은 공유경제 모델이 더 힘을 얻게 된다. 자동차는 소유하는 것이 아니라 공유의 개념으로 바뀌고, 전문가들은 자동차 생산이 지금의 10~20% 수준으로 줄어들게 되리라 예상하기도 한다. 자동차회사들이 큰 타격을 입고 자동차산업 자체가 붕괴될 수도 있다.

소프트뱅크가 노리는 것은 자동차 판매가 아니라 자율주행차가 쏟아낼 빅데이터의 가치다. 미국의 테슬라(Tesla)가 GM이나 포드의 기업가치를 넘어섰다. 매출이나 이익 측면에서 보면 1/10도 안 되고 대차대조표상의 자산가치도 비교가 되지 않는다. 그런데도 기업가치가 높다는 것은 테슬라의 자율주행차가 만들어 낼 빅데이터의 가치를 인정하고 있다는 얘기다. 또 하나 소프트뱅크의 노림수는 IoT의 허브인 페퍼와 연결해서 집과 도시까지 융합하는 거대플랫폼을 만들겠다는 것이다.

비즈니스 게임의 법칙이 바뀌고 있다. 지금까지 비즈니스란 상품을 성능이 우수하게, 경쟁사와 차별화되게 만들어 영업 파이프라인을 통해 판매하던 방식이었다. 그것은 사물의 경제논리다. 사물의 경제논리에서는 마진 곱하기 판매수량이 수익이었지만, 정보의 경제논리는 연결과 융합에서 수익이 발생하는 것이다. 사물에서 나오는 가치는 점점 줄어들어 제로로 수렴되고 정보가 창출하는 가치는 폭발적으로 커지고 있는 것, 이것이 4차 산업혁명의 요체다. 모든 회사가 업종에 상관없이 융합과 연결의 원리를 적용해야 한다. 단지 상품 잘 만들어 잘 팔면 돈 잘 벌던 시대가 이젠 아니라는 말이다.

또 로봇과 자율주행차는 나와는 상관없는 다른 나라 일처럼 치부하지 말고 안테나를 높이 세우고 동향과 트렌드를 주시할 필요가 있다. 로봇과 자율주행차는 이미 와 있는 미래다. 기술 수준을 보면 자율주행차는 거리를 돌아다녀도 된다. 단지 사회적 합의가 이루어지는데 조금 더 시간이 걸릴 뿐이다.

자율주행차는 아주 빠른 시간 내에 우리 생활 속으로 들어올 것이다. 조금 더 지나면 일론 머스크가 말했듯이 사람이 운전하는 것은 불법이 될 수도 있다. 생각해 보라. 100년 전만 해도 마차가 길거리를 다녔지만 지금은 도로 위에 마차가 다닐 수 없다.

자율주행차는 도로의 구조와 신호등 체계도 바꿀 것이고, 건물의 출입구도 리모델링해야 할 것이다. 로봇이나 IoT와 연계돼서 스마트시티로 변하고 우리들의 생활양식도 달라진다. 어떤 회사의 업종도 거대한 변화에서 비껴나 있는 것이 절대 아니다. 먹고 입고 쓰고 잠자고 일하고 여행하는 모든 방식이 달라진다. 이에 맞도록 사업모델을 리모델링하고 준비해야 한다.

이것이 4차 산업혁명의 본질이다. 인공지능과 로봇, 자율주행차,

IoT 등이 융합되면서 쓰나미가 몰려오고 있다. 대전환을 통찰하고 미래를 예측해서 업무를 혁신해야 할 필요가 여기에 있는 것이다.

6

공유경제에서
문명의 진화를 발견하다

> 젠트리는 기사도에 입각해 명예나 부를 추구하지 않았다.
> 리스크를 무서워하지 않고 도전했고,
> 사람을 죽이기 위한 것이 아니라
> 희망을 실현하기 위해 투자했다.

공유경제의 등장 배경

과잉사회

우리는 인류 역사상 가장 풍족한 시대를 살고 있다. 산업시대 대량생산된 상품들은 이젠 포화상태를 넘어 넘쳐나게 되었고 집이나 창고에는 쓰지 않는 물건들로 꽉 차 있고 쓰레기 수거장은 과대포장과 버리는 물건들로 늘 몸살을 앓는다.

우리 주위를 한번 돌아보자. 쉽게 잉여자원들을 발견할 수 있다. 자동차는 아마 95% 이상 주차장에 세워져 있을 것이다. 집카나 우버, 리프트 등이 이러한 잉여자원에 눈을 돌린 것이다. 이사를 가거나 옷장이나 창고를 정리해 보면 심각성을 느낄 수 있다. 우리는 필요 이상으로 많은 집을 지었고, 필요보다 많은 옷을 만들었으며, 필요량보다 훨씬 많은 자동차를 가지고 있다. 에어비앤비 CEO 브라이언 체스키는 이런 말을 했다.

"미국 내에는 무려 8,000만 개의 전동드릴이 있다고 합니다. 그런
데 연평균 전동드릴 사용시간은 불과 13분밖에 되지 않죠. 모든
사람이 굳이 전동드릴을 소유할 필요가 있을까요? 고작 13분밖에
쓰지 않는데 말이에요."

공유경제 사업모델들은 이런 데서 사업기회를 본 것이다. 잉여
품은 집과 같은 부동산이나 자동차, 자전거 등 이동수단만 있는 게
아니다. 생활용품, 옷, 책, 애완견, 음식 등도 넘쳐난다. 유통기한
이 좀 지났다고 뜯지도 않은 채 버려지는 식료품도 엄청나다. 미국
에는 그런 것들만 수거해서 살아가는 사람들의 커뮤니티도 있을
정도다.

전력이나 에너지 낭비도 심각하고, 돈도 사실은 잉여상태다. 돌
아야 돈인데, 돌지 않고 금고 안에서 잠자고 있는 현금이 우리나라
에만 수백조 원에 이른다. 정작 필요한 곳에는 돈이 없고 잉여자금
이 한곳에 몰려 있다 보니 심각한 부작용이 나타나고 있다. 인간
욕심의 상징인 돈의 과잉은 거품(bubble)을 뿜어냈고, 금융의 과잉
은 2008년 미국의 서브프라임 모기지 사태와 같은 금융위기를 자
초했다.

상품의 기능도 잉여상태다. 사용하지도 않는 기능이 가격거품만 만들어 놨다. 미디어는 어떤가? 너무 세분화되었고, 매 순간마다 인터넷과 SNS를 통해 엄청난 정보들이 생산, 유통되면서 정보의 홍수 상태다. 심지어 우리 머릿속에는 학교에서 배웠던, 그러나 실생활에서는 쓸모없는 잉여지식이 꽉 차 있다. 대량교육의 폐해가 심각한 수준을 넘어서고 있다. 과잉노동력이 실업률의 상승으로, 인구 과잉은 출산율의 저하로 이어지고 있는 것이다.

폭풍전야

산업혁명이 일어나면서 공장에서 대량생산 되어 쏟아져 나온 상품들은 시장으로 흘러들어 갔고 마른 스펀지가 물 빨아들이듯 상품들이 쭉쭉 팔려 가던 시절이 있었다. 지난 200년은 생산의 시대였다. 증기기관과 전기의 발명은 대량생산을 가능하게 했고, 시장은 그것을 받아들였다. 특히 20세기는 발명의 시대라 해도 과언이 아니다. 전기, 전파의 활용으로 수많은 발명품들이 이어졌고 공장에서는 쉴 새 없이 기계를 돌려야 했다. 그래야 성장을 유지할 수 있으니까.

이것이 산업시대의 비즈니스였다. 모든 회사가 마찬가지일 것이다. 계속 매출이 늘어나야 회사가 유지되고 성장할 수 있으니까. 그것이 지금까지의 사업의 상식이고 사회적 통념이었다. 이렇게 산업시대에는 생산을 통해 가치를 만들어 냈다. 산업혁명 이전은 절대적으로 물자가 부족했던 시기였다. 굶어죽는 사람들도 많았고 위생 상태가 형편없어 전염병이 돌면 속수무책이었다. 좋은 옷이나 집, 물자들, 또 교육도 귀족들의 전유물이었다.

그런데, 이제 과잉사회가 되어 가고 있는 것이다. 기업들의 설비 가동률은 떨어질 수밖에 없다. 과잉투자 되어 있기 때문이다. 회사의 창고에는 재고가 넘치고 유통점에 진열되어 있는 상품들도 과잉 상태다. 파이프라인으로 계속 밀어내다 보니 소비자들의 생활공간까지 상품들이 밀려 넘치고 과잉이 되어 버린 것이다.

이제 거의 모든 업종의 수명주기는 포화기를 넘어 쇠퇴기에 접어 들었다. 기업들이 만들어 내는 부가가치는 갈수록 하락할 수밖에 없고, 상품의 가치 역시 떨어질 수밖에 없다. 이제 시장은 포화상태가 되면서 작동기제에도 이상이 생겼다. 거품이 잔뜩 끼어 있고 생산자와 소비자를 연결시켜 주던 파이프라인은 녹슬어 있다. 인체에 비유하자면, 당뇨에 동맥경화 등등 종합병원이다. 비즈니스 생태계는 폭풍전야다. 바닷물의 온도가 오르면 태풍이 발생하는 것이 자연의 이치다. 태풍이 몰려오고 있는데 그것이 바로 공유경제다.

에어비앤비 창업이야기

"브라이언, 우리 창업하자."

"OK. 지금 샌프란시스코로 달려갈게."

이렇게 조 게비아와 브라이언 체스키라는 두 청년의 창업이 시작되었다. 두 사람은 로드아일랜드 디자인스쿨의 베프 동기동창인데, 인턴십 프로그램을 같이 할 때 기존의 상식을 뒤엎는 독창적인 아이디어를 실험하는 데 있어서도 둘은 코드가 아주 잘 맞았고, 훗날 함께 창업하자고 결의도 했었다고 한다. 졸업하면서 조가 브라이언에게 이렇게 말한다.

"네가 비행기에 오르기 전 너에게 해줄 말이 있어. 우리는 언젠가 회사를 창업할 것이고 사람들은 그 회사에 대해 책을 쓸 거야."

브라이언 체스키는 로스엔젤레스로 가서 3DID라는 산업디자인 회사에 입사했고, 조 게비아는 샌프란시스코의 방 3개짜리 아파트에 살면서 크로니클 북스의 디자이너가 되었다. 그러나 자신들이 진정으로 원하는 일이 아니라는 사실에 고민하면서 두 사람은 창업 아이디어를 주고받는다. 그렇지만 창업을 결심하는 것은 무모한 일이었다. 건강보험에 가입할 수 있는 직장에 다녔으면 하는 부모님의 바람을 뿌리치기 어려웠고, 이거다 싶은 창업 아이템도 없었기 때문이다.

어릴 적부터 사업가 기질이 있었던 조 게비아는 회사에서 퇴사하

150

고 대학졸업 전에 자신이 디자인했던 엉덩이 모양의 '크릿번스 (CritBuns)'라는 쿠션 제조에 전념하고 있었는데, 2007년 9월 아파트 룸메이트 둘이 이사를 가버리는 사태가 발생했다. 집주인이 월세를 갑자기 올렸기 때문이었는데, 조 게비아의 전화를 받은 브라이언 체스키는 다니던 회사를 사직하고 밤에 차를 몰고 샌프란시스코 조의 아파트로 옮긴다. 이때 아파트 렌트비가 1,150불이었는데 브라이언의 계좌에는 1,000불밖에 없었다고 한다.

젊은 혈기에 의기투합해서 뭉쳤지만 사업보다도 당장의 월세가 문제였다. 조 게비아가 아이디어를 하나 냈다. 10월말에 샌프란시스코에서 '미국 산업디자인협회 컨퍼런스'가 열리는데 수천 명의 참가자들이 묵을 호텔은 부족하고 숙박료 역시 천정부지로 오를 게 뻔하니 "우리 아파트의 거실에다 에어베드를 빌려주고 아침식사까지 제공하면 어떨까?" 하는 생각을 한 것이다. '에어베드앤브랙퍼스트'라는 브랜드가 이렇게 탄생했다.

이것이 2007년 10월, 숙박공유업체 에어비앤비(airbnb) 사업의 프로토타입이었다. 그러나 두 사람 모두 디자이너인지라 조 게비아의 옛 룸메이트였던 천재 프로그래머 네이선 블레차르지크를 끌어들였고, 세 사람의 공유경제로의 여행이 시작되었다.

2008년 혁명의 씨앗이 뿌려지다

에어비앤비가 최초의 공유경제 모델은 아니다. 21세기 들면서 이미 많은 공유경제 사업모델들이 등장해 있었다. 공유경제라는 용어도 1980년대부터 쓰이긴 했지만 2008년 로렌스 레시그 하버드대 교수에 의해 개념이 정립되는데, 이렇게 2008년경부터 공유경제가 본격적으로 실체를 드러내면서 기존 가치사슬을 붕괴시키는 대전환을 일으켰다.

2008년은 여러 측면에서 의미가 있는 해였다. 2008년 금융위기는 미국사회에 매우 큰 충격을 주었던 사건이었다. 첫째, 잘 나갈 것 같이 보이던 경제가 깊은 불황에 빠져들었고, 거리에는 실업자와 노숙자들이 쏟아져 나왔다. 마치 우리나라 IMF 사태처럼. 세계적인 경기불황은 소비 여력을 약화시켰으며 도시는 점점 거주하기 비싼 곳이 됐다. 시장이나 거리에는 잉여물자들이 넘치는데 경제는 불황이다 보니 생산보다는 공유에 관심을 갖게 되었고, 비싼 신제품보다는 잉여물자 공유를 수용하기 시작했던 것이다. 5장에서 클라우드 컴퓨팅이 급부상하게 된 계기가 금융위기로 인한 불황 때문이라고 했었는데, 클라우드도 공유경제 모델이다.

둘째, 금융위기의 결과, 사람들은 정부나 대기업 등과 같은 1% 상류층과 기득권층에 실망감을 느끼고 신뢰가 붕괴되면서 반기업적이고 반체제적인 성향이 싹트기 시작했다. 당시 월스트리트 점령

운동의 슬로건이 "We are 99%"였다. 더구나 21세기 들어 블로그, SNS 등의 소셜 플랫폼들이 성장하면서 낯선 사람에 대한 신뢰는 오히려 상승세를 타게 되었고, 사람들은 기업의 광고보다 친구의 추천을 더 믿게 되었다. 사람들은 예전보다 '비주류적인 아이디어'를 선뜻 받아들이게 되었고, 유명상표에 대한 신뢰가 떨어져 가는 틈새를 개인들이 파고들 수 있게 된 것이다. 여기에 에너지 고갈, 지구온난화, 물 부족 등의 환경문제가 사회적 이슈로 떠오르면서 공유경제가 성장의 모멘텀을 마련하는 계기가 조성된다.

그러나 무엇보다도 공유경제가 급부상하고 거대한 파고를 일으킬 수 있었던 일등공신은 스마트폰이었다. 2008년은 스마트폰의 원년이라 할 수 있다. 애플의 아이폰이 한동안 열리지 않았던 스마트폰 시장을 연 것이 2007년이었고, 그 후 안드로이드 폰들도 쏟아져 나왔고 본격적인 모바일 시대로 변했다. 누구나(anybody) 언제(anytime) 어디서나(anywhere) 무엇이든(anything) 할 수 있는 시대가 되면서 모든 것을 실시간으로 공유할 수 있는 인프라스트럭처가 조성되었던 것이다. 이렇게 2008년경 4차 산업혁명의 씨앗이 뿌려졌다.

공유경제의 부상

가치의 이동과 역전이 일어나다

2009년에는 자동차공유업체 우버(Uber)가 창업되었다. 점차 공유
의 대상은 자동차나 집의 영역을 넘어 입고 먹고 쓰는 우리생활 전
체로 확산되었다. 자전거, 스쿠터, 배, 심지어 비행기를 공유하는
사업모델이 늘고 있고, 포시마크처럼 헌옷을 사고파는 커뮤니티들
도 있다. "미국 여성 모두의 옷장에서 쇼핑하세요. 그리고 여러분
옷장에서 판매하세요"라는 슬로건을 내걸고 있는 포시마크의 창업
자 매니시 찬드라는 〈공유경제는 어떻게 비즈니스가 되는가〉에서
이렇게 말한다.

"사람들은 모두 구매하고 소비합니다. 아니, 그저 엄청난 속도로

자원을 사대기만 하고 소비는 하지 않습니다. 이제 이 자원을 살펴본 사람들은 그 안에 엄청난 가치가 존재하지만 그것만으로는 무엇도 더 만들어 내지 못한다는 사실을 깨닫습니다. 공유경제는 생산 과잉사회에서 분배의 방향을 다시 설정하려는 노력입니다."

성장하는 아이들의 옷과 용품들을 거래하는 스레드업(ThredUP)은 엄마들의 여성복으로까지 확장했고, "공유할 수 있는 물건을 왜 사나요"라고 말하는 여들(Yerdle)은 다양한 물건들을 선물로 주고받을 수 있는 플랫폼이다. 또 학생들의 교과서를 빌려주는 체그, 하프닷컴 같은 사업모델도 있고, 집주인이 일정가격을 받고 외부인을 가정에 초청하여 음식을 함께 먹는 홈푸드나 잇위드(Eatwith) 등의 음식공유 모델도 늘어나고 있다. 또는 쿠키스토(Cookisto)를 이용하면 요리사가 자신의 집에서 만든 음식을 직접 가져오게 하거나 배달시킬 수도 있다.

이외에도 잉여노동력을 연결시켜 주는 태스크래빗(TaskRabbit)이나 에어태스커(AirTasker), 프리랜서를 위한 이랜스(eLance) 등 기술과 서비스도 공유의 대상이고, 금융업도 P2P 간의 거래모델에 의해 위협받고 있고, 심지어 와이파이를 공유하는 폰이라는 회사도 있다.

이렇게 2008년경 움트기 시작한 공유경제는 대상영역을 넓혀 가고 있을 뿐만 아니라 4차 산업혁명의 기술들을 만나면서 기업가치도 기존의 빅 브라더들을 넘어서고 있다. 2009년 출발한 우버는 몇 년 지나지 않아 웬만한 자동차회사들을 추월했고, 2017년 기준 약 70조 원의 가치를 인정받고 있다. 이것은 동일 시점 현대자동차 기업가치의 2배가 넘는 액수다. 에어비앤비(35조 원) 역시 세계 1위 호텔체인 힐튼(30조 원)을 뛰어넘었다. 이상하지 않은가? 대차대조표 상에 자동차를 한 대도 소유하고 있지 않고 공장도 없는 우버가 세계 최대의 자동차회사로 돌진하고 있는 것이다. 에어비앤비도 단한 채의 숙소도 지은 적이 없다.

그런데, 이상한 것은 '그'가 아니라 '나'다. 세상이 코페르니쿠스적으로 바뀐 것이다. 지금까지 산업문명에서는 생산과 유통을 통해 사업을 하고 수익을 창출해 왔지만, 이제 그런 자본기반사업방식(사물의 경제논리)은 과잉의 레드오션에 빠져들 수밖에 없고, 연결과 융합을 통해 가치를 만들어 내는 새로운 게임의 법칙이 득세하는 세상이 되었다. 그 법칙이 지식기반사업이고 정보의 경제논리며, 공유경제가 그것을 여실히 보여주고 있는 것이다.

이제 가치가 생산경제에서 공유경제로 이동하고 있다. 생각해 보라. 자동차회사나 호텔은 고객 명단 정도 갖고 있지만 우버나 에어비앤비는 사람들의 이동 정보, 여행 정보 등 빅데이터를 모을 수 있는 플랫폼이다. 상품을 생산/유통하는 데에서 빅데이터를 모으고 분석하는 플랫폼으로 가치가 이동하고 있는 것이 바로 4차 산업혁

156

명의 본질인 것이다.

디디추싱과 위워크에 투자한 이유

손정의는 중국판 우버라 불리는 디디추싱(滴滴出行)에 6조 원 이상을 투자했다. 디디추싱은 우버처럼 모바일 앱을 통해 가장 가까운 곳에 있는 택시나 개인 자가용 차량을 배차해 주는 차량공유서비스를 제공하는데, 2015년 2월 텐센트 그룹의 디디다처(滴滴打车)와 알리바바 그룹의 콰이디다처(快的打车)가 합병하여 탄생한 회사다. 정식 이름은 디디콰이디(滴滴快的)지만, 주로 디디추싱, 또는 약칭해서 디디라고 불린다.

중국의 택시예약 앱 시장은 콰이디다처와 디디다처의 점유율이 55% 대 45%로 양강체제를 유지해 왔었다. 다처(打车)는 중국어로 택시를 의미하는데, 우리로 치면 카카오택시와 같은 것이었다. 초기에는 단순히 택시를 앱으로 예약하는 O2O, 즉 오프라인과 온라인을 연결하는 개념이었지만, 우버X처럼 개인의 자가용을 영업용도로 활용할 수 있게 확장시킨 것이 디디추싱이다.

요즘 중국인들의 스마트폰에는 위챗페이나 알리페이는 기본이고 디디 앱도 거의 깔려 있다. 여행객들이 미국이나 유럽에 가면 우버 앱을 깔듯이 중국을 여행하는 외국인들은 디디추싱을 이용하는 것이다. 디디추싱은 우버 중국법인을 인수했다.

중국의 BAT는 바이두, 알리바바, 텐센트를 지칭한다. 중국의 1990년대는 역동적인 시기였다. 1992년 덩샤오핑(鄧小平)의 남순강화를 시발점으로 중국에는 청년창업 열풍이 불었고, 중국이 다시 꿈틀거리기 시작했다. 1990년대 말 비슷한 시점에 창업해서 중국 굴기를 이끄는 BAT는 삼국지 같은 플랫폼전쟁을 벌이고 있다. 알리바바는 전자상거래로, 텐센트는 메신저로, 중국판 구글인 바이두는 검색으로 시작된 회사지만 지금은 영역 없는 플랫폼 삼국지를 써 가고 있는데, 특히 알리바바와 텐센트는 원래의 사업영역이 다른데도 많은 사업 분야에서 경쟁하고 있다. 알리페이와 위챗페이는 결제와 핀테크 분야에서 양대 산맥을 형성하고 있고, 매년 중국의 설날인 춘절이 되면 세뱃돈을 주고받을 수 있는 '홍바오(紅包) 서비스'를 놓고 전쟁을 벌일 정도다. 택시예약 앱 분야에서도 라이벌 관계였다가 적과의 동침에 들어간 셈인데, 반면 바이두는 우버에 투자했었다.

다른 분야에서는 그렇게도 기 싸움을 벌여 왔던 두 회사가 왜 합종연횡 전략을 택했을까? 택시운전기사를 유치하기 위해 경쟁적으로 보조금을 높이면서 출혈경쟁을 펼쳐 왔었고, 또 중국 베이징과 상하이 등 대도시에서는 택시운영 자격을 갖추지 않은 차량을 불법으로 규제하면서 사업을 확대하기 어려워지기도 한데다 우버와 바이두의 제휴, 그리고 렌터카회사들의 사업 확장 등 속사정이 있었겠지만 합병을 통해 본격적으로 공유경제 사업모델로 전환하겠다는 의지를 표명한 것이다. 단지 택시를 온라인으로 불러주는 O2O를 넘어서.

이렇게 플랫폼전쟁터가 공유경제모델로 이동하고 있다. 미국뿐 아니라 영국, 프랑스, 독일 등 유럽에서도 공유경제 스타트업들이 성공사례를 만들어 가고 있고, 기존 산업경제를 주도하던 기업들은 위기감에 싸여간다. 중국도 예전의 만만디 왕서방의 나라가 절대 아니다. 중국은 우리보다도 정보의 경제논리를 더 잘 이해하고 있고, 바뀐 비즈니스의 문법을 더 빨리 적용하고 있다.

〈 디디추싱 〉

손정의도 공유경제에 칼을 빼들었다. 투자 대상은 중국뿐 아니다. 인도에서 제2의 알리바바를 찾고 있는 손정의는 인도의 차량공유 스타트업 올라(Ola)에도 투자했고, 동남아시아 시장 내에서 우버와 경쟁 구도를 갖고 있는 싱가포르 차량공유업체 그랩(Grab)에도 10억 달러를 투자했다. 아시아 차량공유시장을 저인망식 싹쓸이하는 것처럼 보일 정도다. 브라질의 99에도 투자했고, 우버와 리프트에도 투자 러브콜을 보내고 있다. 미국 3위의 이동통신사인 스프린트를 인수한 전력이 있는 소프트뱅크가 미국 차량공유시장도 노리고 있는 것이다.

〈 위워크 〉

전 세계로 퍼져나갈 기세인데, 손정의는 왜 이렇게 차량공유모델에 주력하는 것일까? 소프트뱅크가 추진하는 자율주행차와 시너지를 낼 수 있기 때문이다. 또 자동차산업의 가치가 자동차메이커에서 공유모델업체들로 이동하고 있는 상황에 선제공격을 날린 격이다.

그런데 차량공유뿐 아니라 부동산업계의 '우버'라고 불리는 사무실공유플랫폼 위워크(WeWork)에도 3조 원을 투자했다. 위워크는 한국에도 진출해 있는 소호사무실 임대업체로 2010년 뉴욕에서 2개의 사무실로 시작해 지금은 전 세계로 퍼져 있는 글로벌 기업으로 성장했는데, 벌써 기업가치가 에어비앤비에 육박한다.

위워크는 개인 스타트업뿐 아니라 포춘 500대 기업들도 활용하고 있는데, 단지 사무공간을 임대해 주는 데서 그치지 않고 사업에 대한 정보공유 네트워크를 형성하고 있는 것이 성공비결이 되었다. 빌딩을 전체 임대해서 재임대하는 것은 사물의 경제논리다. 그런데 여기에 정보, 콘텐츠, 네트워크 등을 융합하는 정보의 경제논리가 위워크의 위닝샷이 되었고, 손정의도 거기에 투자한 것이다.

이렇게 손정의는 인공지능 페퍼를 허브로 하는 홈 IoT부터 자율주행차 IoT, 그리고 부동산과 도시 전체로 이어지는 거대 플랫폼을 만들겠다는 빅 픽처를 그리고 있는 것이다. 분명 손정의의 공유경제 투자는 앞으로도 계속될 것이다. 여지가 많이 남아 있기 때문이다.

공유경제의 본질

문명의 이동 현상

공유경제는 단순한 아나바다 운동이 아니다. 공유라는 용어가 들어가니까 남아도는 물건들을 남들과 나누고 함께 쓰는 것으로 생각될 수 있지만 그건 표피적인 현상에 불과하다. 사람들이 소통하면서 집단지능을 만들어 내는 협업경제이고, 연결을 통해 새로운 가치를 창출해 내는 융합경제다. 공유경제가 문명을 이동시키면서 경제의 패러다임을 바꾸고 있다.

흔히 비즈니스를 전쟁에 비유하는데, 요즘 전쟁터가 옮겨지고 있는 형국이다. 지금까지는 상품을 생산해서 시장에서 점유율을 다투는 경쟁의 게임이었다면 점점 생산되어져 있는 상품들을 연결하고 융합하는 공유의 게임으로 바뀌어가고 있다. 이것이 공유경제다.

공유경제의 본질은 생산양식이 근본적으로 바뀌는 것이고, 경제의 작동원리도 달라지는 패러다임의 이동 현상이다.

생산이나 상품이라는 용어의 정의를 다시 내려야 한다. 우리 머릿속에는 산업문명의 관념이 가득 차 있다. 산업시대 학교를 다녔고, 산업시대 회사에서 일을 하다 보니 당연한 것이겠지만, 이제 새 시대에 맞게 생각을 좀 바꿔야 한다. 무에서 유를 만들어 내는 것이 생산이고, 상품은 공장에서 만들어지는 하드웨어 사물이라는 고정 관념을 깨뜨려야 한다.

상품이란 고객에게 제공되는 가치의 총체물이다. 이 정의에서 키워드는 가치다. 고객들이 사는 것은 상품이 아니라 가치다. 내가 원하는 가치를 충족시켜 준다면 굳이 유형의 상품을 구매할 필요가 없을 것이다. 예를 들어, 오늘 지방에 갈 일이 생겼다. 그것을 위해 자동차를 꼭 소유해야 할까? 95% 이상은 주차장에 세워져 있는 자동차를 소유하느라 세금, 보험료, 감가상각비 등을 지출할 이유가 있을까? 장거리 자동차합승 모델인 독일의 카풀링닷컴이나 프랑스의 블라블라카를 활용하면 파리에서 브뤼셀까지 26달러면 갈 수 있다. 모스크바에서 키예프까지 760Km를 44달러에 간다. 내가 직접 운전하지 않고 편안하게.

공유도 생산 활동이고 상품이다. 공유경제란 연결과 융합을 통해 새로운 가치를 창출하는 것이고, 4차 산업혁명의 본질이 여기에 있다. 산업문명의 생산경제는 레드오션으로 변하고 있다. 퀄리티 좋고 차별화된 상품을 만들어 영업 잘 한다고 해결될 문제가 아니라는 말이다. 공은 공유경제로 넘어 갔다. 많은 스타트업들과 비즈니스 선구자들이 레드오션을 떠나 블루오션으로 이동하고 있다. 마치 콜럼버스의 아메리카 대륙 발견 이후 16세기부터 대항해 시대가 시작되었고 그것이 결국 산업혁명으로 이어졌던 역사를 회상시키는 느낌이다. 혁명의 기운이 감돌고 있다.

공유경제는 산업시대 생산경제를 붕괴시키는 룰 파괴자다. 우버는 기존 자동차메이커들이 큰 자본을 들여 만들어 놓은 자동차를 활용해서 더 큰 돈을 벌고 있고 에어비앤비 역시 아파트도 한 채 없이 건설 회사들이 지어놓은 남의 집으로 돈을 번다. 큰 도둑이다.

이렇게 인터넷과 스마트폰이 구축해 놓은 인프라를 토대로 연결과 융합을 통해 가치를 창출하는 생산 활동이 공유경제이고, 기업이 생산/판매하고 소비자는 구매해서 소비만 하던 산업시대의 역할모델도 달라지고 있다. 에어비앤비를 통해 자신의 집을 빌려주는 호스트들이 늘어나고 있고, 직장을 퇴직하고 우버나 디디추싱의 기사로 나서는 사람들도 많아지고 있다. 기존의 비즈니스의 명제가 근원적으로 달라지고 있는 것이다.

가치사슬의 붕괴와 이동

공유경제 사업모델은 기존 산업문명이 구축해 놓았던 가치사슬을 붕괴시키고 있다. 우버는 자동차 메이커들에게는 커다란 위협이다. 소유하지 않고 공유하는 패턴이 보편화된다면 자동차 판매대수는 급감할 것이다. 자율주행차가 현실화되면 자동차 공유는 더 쉬워질 것이고, 미래학자들은 현재 자동차수요의 10~20% 정도면 충분하다고 예측한다.

이렇게 되면 어떤 일이 일어나는 것인가? 자동차산업은 무너진다. 공급체인 상에 있는 부품이나 원재료를 납품하는 업체들은 도미노처럼 부도날 것이고, 대리점이나 딜러들도 필요 없어진다. 직원들 역시 일자리를 잃을 것이다. 이것이 자동차산업의 가치사슬이 붕괴되는 시나리오다. 그런데 도미노는 자동차산업에서 그치지 않는다. 정유 산업도 타격을 입는다. 전기자동차 역시 이미 와 있는 미래인데, 전기자동차까지 가세해서 가솔린 사용량이 줄면 정유 산업은 위기에 처하게 된다.

건설 산업은 어떨까? 주행하는 자동차가 대폭 줄게 되면 도로 건설 수요 역시 줄 것이다. 또 인간운전자들의 운전습관은 다 다르지만 자율주행차의 운전패턴은 동일하기 때문에 도로 파손율도 줄어든다. 여기에 에어비앤비까지 더해 보면 건설업의 미래를 예측해 볼 수 있다. 사실 주택도 과잉상태다. 에어비앤비는 호텔이나 콘도 등의 숙박산업을 붕괴시키고 있다. 이것은 건설업의 붕괴로 이어질 것이고, 쓰나미처럼 산업 전체를 쓸어버릴 것이다.

사무공간은 어떤가? 빌딩의 공실률도 높아지고 있다. 손정의가 투자한 위워크나 리퀴드스페이스는 사무공간을 공유하는 모델이다. 디지털 노마드들이 집이나 사무실을 소유하지 않고 공유하는 추세가 확산될수록 건설업은 레드오션으로 변한다.

생각해 보라. 건설업, 중화학산업, 자동차산업 등은 과거 50~60년 간 한국경제의 기적적인 성장을 이끌었던 엔진이었다. 산업이 발달하고 거대한 가치사슬을 형성하면서 국가경제가 성장해 왔던 것인데, 엔진이 꺼져가고 있는 중이다.

이렇게 작은 파장 하나가 쓰나미로 변한 것이다. 다른 업종들은 안녕할까? 공유의 대상은 자동차나 집의 영역을 넘어 입고 먹고 쓰는 우리생활 전체로 확산되고 있고, 비즈니스 생태계 자체가 다른 판도로 전환되고 있음을 놓치지 말아야 한다.

공유경제모델은 모든 업종의 가치사슬을 해체시킬 것이다. 몰려오는 쓰나미를 막을 수도 피할 수도 없다. 문명이 이동하면서 비즈니스 패러다임, 즉 가치창출양식도 바뀌고 있는데, 공유경제는 기존의 가치창출방식에 반대되는 개념이다. 생산경제가 플러스 경제였다면 공유경제는 마이너스 경제다. 산업시대에는 새로운 상품을 생산하고 유통하는 과정에서 가치가 부가되었지만 공유경제는 이미 생산된 상품을 연결하고 융합하는 과정에서 가치를 만들어 낸다. 이것이 공유경제의 본질이다.

문명이 이동하고 있음을 깨달아야 한다. 대량생산과 효율성을 추구하던 물질 위주의 산업문명은 쇠락하고 연결과 융합을 추구하는 인간 중심의 정보문명이 떠오르고 있다. 다른 말로, 지금까지 산업문명이 정주민 위주였다면 새로운 문명은 유목민화된다고 표현할 수도 있다. 21세기는 디지털 노마드의 시기다. 스마트폰으로 연결된 노마드들이 이동하면서 소통하는 방식은 과거 유목민들의 생활양식을 연상시킨다. 역사를 보면 정주민들은 소유하면서 만들고 채우는 문화였다면 유목민은 공유하면서 순환하고 버리는 문화였다. 공유경제의 핵심은 여기에 있다.

디지털과 인터넷이 촉발한 3차 산업혁명이 오프라인에서 하던 일을 온라인으로 이동시킨 사건이라면 4차 산업혁명은 산업문명을 붕괴시키고 새로운 정보문명의 시대를 열고 있는 것이다. 근원적이고 본질적인 전환이 일어나고 있다. 인터넷을 활용해서 온라인으로 이동시킨 아마존, 구글, 페이스북 등이 3차 산업혁명의 주역이었다면, 에어비앤비와 우버 같은 공유경제 모델들은 문명의 이동을 획책하고 있는 것이다. 이것이 공유경제에 주목해야 할 이유다.

집단지능의 발현

공유경제는 집단지능의 발현이다. 나는 공유경제를 연구하면서 큰 충격을 받았었다. 이것은 마치 알파고를 처음 접했을 때와 비슷한 감정이다. 2016년 이세돌과 알파고 대국의 첫 1국을 보는 순간, 뭐라 표현하기 어려운 충격의 전율이 느껴졌었다. 아마 많은 사람들이 비슷한 감정을 느꼈을 것이다. 마치 죽은 줄로만 여겼던 박물관의 미이라가 갑자기 눈을 뜬 느낌이라고 할까? 그 눈과 마주친 섬뜩함? 그런 공포의 감정이었다. 인공지능이 이런 거구나, 인공지능이 몰고 올 파고가 느껴지면서 전율이 일고 무서웠다.

그런데, 공유경제에서는 집단지능의 눈과 마주친 것이다. 에어비앤비나 우버와 같은 공유경제모델이 아주 짧은 시간에 마치 토네이도 기류에 올라탄 것처럼 급격히 날아오르는 것을 보면서 사람들의 집단무의식이 만들어 내는 집단지능의 힘이 참으로 놀랍고 무섭다는 생각이 들었다. 인공지능과 집단지능, 이것은 인간의 통제력을 넘어서는 것이다. 4차 산업혁명하면 인공지능부터 떠올리지만 다른 한 축에는 집단지능이 숨어 있는 것이다. 이 둘이 충돌하고 융합되는 것이 4차 산업혁명이다.

그러나 사실 집단지능이 최근 들어 나타난 것이 아니다. 이미 잉태되어 있었다. 1990년대 인터넷이 확산되자 연결과 융합의 패러다임을 눈치챈 영민한 사업가들이 이 기회를 놓치지 않고 공유경제 모델에 뛰어들었다. 한 소프트웨어 회사에서 프로그래머로 일하던 피에르 오미디아르(Pierre Omidyare)는 판매하려는 사람과 구매하려는 사람 간에 경매 방식으로 상품을 사고팔 수 있도록 하고, 자신은 일정 비율의 거래수수료를 받는 중개자 역할만 하는 방식으로 큰 성공을 거두었다. 그가 만든 이베이(eBay)는 인터넷의 연결성을 이용해서 사람들이 소유하고 있는 잉여자원을 서로 사고팔 수 있도록 한 플랫폼이다. 집단지능을 활용한 공유경제 사업모델의 원조라 할 수 있다. 또 지금은 익스피디아와 함께 글로벌 온라인 여행사로 성장한 프라이스라인(priceline)은 1997년 창업 당시 역경매 방식을 도입함으로써 큰 화제를 불러일으켰던 회사다.

그러나 집단지성(Collective Intelligence)이라는 용어는 위키피디아의 성공 이후 본격적으로 회자되기 시작했다. 2001년 금융선물거래 전문가였던 지미 웨일스(Jimmy Wales)가 위키미디어 재단을 설립하면서, 전 세계 모든 사람들이 자유롭게 글을 업로드할 수 있는 위키피디아(Wikipedia)라는 참여형 온라인 백과사전을 창시한다. 전문가들만이 집필자가 될 수 있었던 과거의 백과사전과는 달리 전 세계 사람들을 정보의 생산자로 끌어 들여 일반 소비자들도 자신이 알고 있는 잉여지식을 공유할 수 있는 참여형 집단지성 데이터베이스를 만든 것이다.

돈 탭스콧과 앤서니 윌리엄스는 이와 같은 새로운 현상을 보면서 위키와 이코노믹스의 합성어인 〈위키노믹스(Wikinomics)〉라는 책을 썼는데, 집단지성을 활용해서 협업을 통해 부가 창출되는 방식으로 경제 패러다임이 전환될 것이라는 논리다.

21세기 뉴 밀레니엄에 들어 많은 공유경제 사업모델들이 등장한다. 세 아이의 엄마였던 로빈 체이스가 2000년도 창업한 자동차 공유모델인 집카(Zipcar), 숙박업소를 공유하는 모델도 에어비앤비 이전에 카우치서핑이나 홈어웨이 등이 이러한 흐름에 동승했다. 그러다 2007년 에어비앤비, 그리고 2009년 우버(Uber) 등이 큰 성공을 거두면서 공유경제가 급물살을 탔고 2010년대 들어 4차 산업혁명 기술들과 융합되면서 거대한 쓰나미로 변하고 있는 것이다.

이렇게 1990년대 인터넷이 집단지능을 잉태시켰다면, 2000년대 들어 웹2.0 환경에서 집단지능이 무르익었고, 4차 산업혁명시대가 되면서 드디어 집단지능이 그 실체를 드러냈다고 할 수 있다.

공유경제 대응전략

투자하든가, 협업하든가, 확장하라

공유경제는 쓰나미다. 쓰나미는 업종이나 규모 불문하고 들이닥친다. 공유경제 물결에 어떻게 대응해야 할까? 프랑스 거대 호텔체인 아코르 호텔스의 CEO는 인터뷰에서 이런 말을 했다.

> "공유경제에 대항하여 싸우는 것과 마찬가지로 새로운 콘셉트와
> 새로운 제안, 새로운 서비스에 대항하여 싸우는 것은 정말로 바보
> 같고 무책임한 일입니다. 이것이 우리가 가야 할 길입니다. 이 모
> 든 새로운 서비스는 대단히 강력하고 잘 구현되어 실행되고 있습
> 니다. 우리는 그것을 받아들여야 합니다."

(에어비앤비 스토리, 188쪽)

큰 흐름의 물결을 거스를 수 없고 대세를 인정하고 받아들여야 한다는 요지다. 아코르 호텔스와 하얏트는 상류층 타깃의 숙소공유 업체인 원파인스테이(OneFineStay)와 콜라보해서 런던에서 파일럿 프로그램을 실험한 적이 있다. 원파인스테이의 게스트들이 체크인 전에 도착하면 하얏트에 짐을 보관하고, 호텔의 샤워실을 이용할 수도 있게 해줄 뿐 아니라 운동을 하거나 식사도 제공한 것이다. 일종의 융합 모델이다.

유럽과 미국에서 스타트한 '룸메이트'는 비슷한 모델을 채택했다. 게스트들은 호텔에서 열쇠를 받아 아파트에 들어가는데, 묵고 있는 아파트에서 호텔의 룸서비스를 주문할 수도 있고, 컨시어지 센터의 서비스를 받을 수도 있다. 이와 같이 기존 숙박업체와 공유 업체가 협업하는 하이브리드 사업모델들이 점차 늘어나는 추세다.

또 호텔과 공동사무공간 간의 융합모델도 늘고 있다. 메리어트는 사무공간을 시간이나 일 단위로 빌릴 수 있는 '리퀴드스페이스 (LiquidSpace)'와 제휴했고, W호텔 역시 리퀴드스페이스의 경쟁사인 '데스크니어미(DeskNearMe)'와 제휴를 맺어 어차피 비어 있을 공간 을 사무공간으로 제공한다.

글로벌 자동차회사들도 발 빠르게 변신 중이다. BMW는 영국의 주차공간 공유모델인 저스트파크(JustPark)에 투자해서 자사 네비게 이션에 주차앱까지 탑재하는 공동프로젝트를 진행했다. 그렇게 되면 운전자는 내비게이션을 이용하여 주차장소를 예약/결제하고, 그 지점까지 안내받게 된다. 여기에 IoT가 접목되면 사물들끼리 결제를 끝낼 수 있다. 도시에서 주차공간 때문에 어려움을 겪는 드라이버들에게는 희소식이 될 것이다. 또 BMW는 아예 '드라이브나우'라는 고급자동차 공유회사를 운영하기도 한다.

메르세데스 벤츠 역시 '카투고'를 운영하고, '무블(Moovel)'이라는 다용도 교통앱도 개발했다. 무블에는 카투고의 정보뿐 아니라 장거리 합승을 할 수 있는 카풀링닷컴, 자전거 공유모델인 넥스트바이크(Nextbike), 대중교통 정보까지 모여 있는 이동수단 종합 스마트폰 앱이라 할 수 있는 것이다.

프랑스의 푸조, 시트로엥 등도 자동차 소유를 포기하고 사용만 하는 새로운 시장을 인식하지 않으면 소비자를 영원히 잃을 수 있다는 위기감을 가지고 있다. 미국의 GM, 포드, 크라이슬러, 그리고 일본의 도요타 등도 새로운 추세에 올라타기 위한 노력을 경주하고 있다. 자동차 제조사들이 자사의 자산을 요금제나 회원제에 따라 빌려주는 사업모델로 전환하면서 공유경제 모델을 접목시키고 있는 것이다. 이제 자동차를 잘 만들고 잘 팔면 사업에 성공하던 시대가 지나가고 있다. 자동차는 공짜로 타고 정보사용료에 돈을 내는 수익모델이 등장하리라 했던 미래학자들의 예언이 공유경제에서 현실화되고 있는 셈이다. 메르세데스 벤츠의 디터 제체 회장이 2011년 CES에서 "이제 자동차는 가솔린이 아니라 소프트웨어로 움직인다."라고 했던 말이 실현되고 있는 것이다.

거의 모든 업종들이 위기감을 느끼고 있지만 다윗을 가장 무서워하는 골리앗은 은행 등의 금융업이다. 크라우드 펀딩과 같이 기존의 대부업체를 건너뛰고 자본가와 차입자를 직접 연결하는 P2P 모델 때문에 은행과 플랫폼 사이의 긴장감이 고조되는 것인데, 기존 금융 산업의 가치사슬(value chain)과 새로운 가치고리(value loop)가 충돌을 일으키고 있다. 특히 블록체인 기반의 비트코인이나 이더리움 등은 혁명적인 파장을 몰고 오고 있다.

대비를 미뤄서는 안 된다. 지금 일어나고 있는 충돌과 전환을 이해하고 기존의 사업모델을 혁신해 가야 한다. 대응 전략은 크게 3가지 유형으로 나눌 수 있다. 소프트뱅크처럼 투자를 하든가, 제휴를 맺어 협업하든가, 스스로 확장하는 것이다.

소비자와 협업하라

공유경제의 본질은 권력이동이다. 산업시대 생산자 중심이었던 데에서 소비자에게로 힘이 이동되는 현상이 일어나고 있는 것이다. 200여 년 전 산업화가 시작되고 자본주의가 득세하면서 인간은 소외되었었다. 자본과 사물이 중심이 되는 가치사슬이 경제성장의 원동력이었고, 인류는 기업이 생산하는 상품을 구매해서 소비하는 구

174

경꾼에 불과했다.

그러나 산업문명시대 자본주의 경제는 수명을 다해 가고 있다. 일자리 창출은 수요를 충족시키기에 부족하며, 전 세계 청년들은 졸업 후 일자리를 찾지 못해 힘겨워하고 있다. 또 경제적 이득은 상위 1%에게로 돌아간다. 집카의 창업자 로빈 체이스는 〈공유경제의 시대(Peer Corporation)〉에서 이렇게 일갈한다.

"지난 200년 동안, 산업경제 하에서는 특정 유형의 자본가만 이득을 취했다. 살아남고 번창하기 위해서는 규제를 피하면서 시장을 통제하는 독점이나 다름없는 상태를 유지해야 했으며 시장을 통제하기 위해서는 지적재산권, 영업 비밀, 저작권, 장비, 직원 등을 독점적으로 소유해야 했다. 공장, 도구를 비롯해 기타 값비싼 생산도구의 잠재력을 전부 활용할 수 있는 것은 상당히 큰 기관뿐이었다. 제품과 서비스는 표준화됐다."

이제 생산자와 소비자의 자리가 역전되고 있다. 플랫폼제국을 꿈꾸는 기업들은 이런 추세를 놓치지 않았다. 특히 애플, 구글, 알리바바, 페이스북, 아마존, 우버, 에어비앤비 등은 변화의 소용돌이에 올라타면서 순식간에 세계 최고의 기업들로 떠올랐다. 지금 가장 높은 가치를 인정받고 있는 이 기업들의 공통점이 있다. 그것이 무엇일까?

그것은 이들 모두, 고객에게 돈을 벌게 해주고 있다는 점이다. 검색엔진으로 시작한 구글은 애드센스를 통해 슈퍼블로거들과 유튜버들이 수익을 낼 수 있는 플랫폼을 제공한다. 애플은 단순히 아이폰과 같은 상품을 판매만 하는 기업이 아니다. 앱스토어라는 일반인들도 돈을 벌 수 있는 콘텐츠장터를 만든 것이 스마트폰 시장을 터뜨린 한방이 되었다. 알리바바는 자체적으로는 재고상품을 보유하지 않으면서 판매자와 구매자를 연결시켜 양쪽 모두 경제적 이익을 윈윈할 수 있게 해주는 플랫폼이다. 페이스북과 같은 SNS 기업들은 어떤가? 그들은 스스로 콘텐츠를 생산하지 않는다. 페이스북에 올라오는 콘텐츠와 정보들은 모두 대중들이 생산하고 자발적으로 유통시킨다. 에어비앤비나 우버 등 공유경제 회사들 역시 소비자들을 생산자로 세워 돈을 벌 수 있게 멍석을 깔아주는 벼룩시장이다.

이들의 공통점이 바로 소비자에게 권력을 이양해서 그들과 함께 가치를 창출하고 공유하는 것이다. 그런 점에서 애플, 구글, 알리바바, 페이스북, 아마존 등도 공유경제 모델이다. 공유경제의 완성이라 불리는 블록체인(blockchain)의 원리 역시 권력의 분산화다.

이들은 산업문명의 가치사슬 안으로 들어가서 경쟁사 대비 차별화하고 포지셔닝한 것이 아니라 기존 가치사슬을 붕괴시켜 가면서 순환하는 가치의 고리(loop)를 만들어 낸 것이다. 또 이들은 사물의 경제논리에 갇혀 있지 않고 발 빠르게 정보의 경제논리로 전환함으로써 경계를 허무는 혁신을 이루어 냈다.

이것이 플랫폼 비즈니스의 요체이고, 공유경제의 핵심원리다. 산업문명 시절 무대 밑으로 밀려났던 소비자들을 다시 무대 위로 끌어올려서 그들을 생산자로 만들고, 또 그들이 돈을 벌 수 있는 플랫폼을 기획하는 데 몰입해야 한다. 그러면 이기적 유전자를 가진 소비자는 자신의 경제적 이익을 위해서 스스로 사업가가 되고 홍보맨이 된다. 결과적으로 네트워크 효과가 생겨서 플랫폼으로 진화할 수 있는 것이다.

소비자에 대한 인식을 근원적으로 바꾸어야 한다. 지금까지 소비자란 마케팅의 대상이었지만 스마트해지고 네트워크로 실시간 연결되면서 소비자는 더 이상 설득의 대상도 감동시켜야 할 왕(王)도 아니다. 소비자를 비즈니스 파트너로 인식하고 함께 가치를 만들어 가는 협업자로 세우는 전략의 전환이 필요하다.

대중에게 구하라

생산과 상품에 대한 고정관념도 깨뜨려야 한다. 사물의 경제논리로 생각해서는 지금 일어나고 있는 4차 산업혁명의 심층이 보이지 않을 것이다. 생산은 사물을 만들고 이동시키는 활동이 아니다. 상품의 생산은 공장에서 이루어지지만 가치의 창출은 광장, 즉 오픈 플랫폼에서 일어난다. 그렇기 때문에 기업의 문을 열고 오픈 이노베이션(open innovation), 크라우드 소싱(crowd sourcing) 등을 통해 대중의 지혜를 구하는 방식으로 사업을 리모델링해야 한다. 집단지능의 더 큰 힘을 활용하는 것이다. 그러면 소비자와의 커뮤니티가 형성되고 스토리가 확대재생산 되어서 선순환되는 가치의 고리가 만들어진다. 연결과 융합을 통해 가치를 창출하는 것이 공유경제와 지식기반사업의 본질이고, 4차 산업혁명의 지향점이다.

대부분 사람들의 머릿속에는 '사업이란 제품을 잘 만들어 소비자에게 판매함으로써 수익을 창출하는 경영행위' 라는 관념이 아주 견고하게 자리 잡고 있다. 그러나 그것은 지난 200년 간의 산업시대적 발상일 뿐이다. 자본과 물질이 추앙받았던 산업문명 시절 '대량생산되면서 인류가 잃어버린 인간성을 회복하겠다' 는 르네상스 운동이 공유경제라 할 수 있다.

공유경제는 여러 가지 사업유형 중의 하나, 또는 특정업종에만 해당되는 것이 절대 아니라는 사실을 잊지 말아야 한다. 모든 회사들이 심층에 흐르는 원리를 통찰하고 사업에 적용시켜야만 한다.

앞으로 회사들은 어떻게 될까? 회사에서는 계속 생산과 영업을 할 것이다. 사람들은 계속 먹고 입고 쓰는 새로운 수요가 없어지는 것은 아니니까. 또 새로운 기술도 개발해야 한다. 그러나 문제는 그런 패러다임, 즉 상품을 잘 만들어 잘 팔고 광고와 프로모션 잘 해서 브랜드 이미지를 올리는 산업시대 사업방식에서 벗어나지 못한다면 갈수록 부가가치는 떨어질 것이고, 새로이 부상하는 공유경제 사업모델에게 가치를 빼앗기게 될 것이라는 점이다.

공유경제는 인류문명의 이동 현상이고 거스를 수 없는 거대한 물결이다. 이러한 이동을 눈치 챈 기업들과 비즈니스 리더들은 엑소더스를 시작했다. 머뭇거리고 레드오션에 남아 있다가는 플랫폼에 종속될 수도 있다는 사태의 심각성을 깨달아야 한다.

손정의는 한손으로는 인공지능, 또 한손으로는 집단지능에 투자하고 있다. 집단지능과 인공지능이 융합되는 것이 4차 산업혁명이다. 사물인터넷, 클라우드, 빅데이터, 3D 프린팅, 로봇, 블록체인 등의 근저에 흐르고 있는 원리가 바로 집단지능과 인공지능이라는 말이다. 이 둘이 핵융합을 일으킬 때 나오는 에너지는 빅뱅으로 이어질 것이다. 대비하지 않고 있다가는 졸지에 당할 수밖에 없다.

창의성이 발휘되려면 머릿속에 있는 생각들을 제거해야 한다. 우리 머릿속에도 잉여역량이 넘친다. 머리가 꽉 차 있으면 머리가 돌지 못하기 때문에 생각의 다이어트가 필요하다. 공유경제의 본질도 더하기가 아니라 빼기다. 즉, 생각을 제거해 내는 데서 공유경제가 시작된 것이다.

이젠 좀 버려야겠다. 기존의 생각들도 버리고, 습관도 버리고, 당연하다고 믿었던 고정관념들도 의심해 봐야 할 때다. 구글의 독감 예측 프로그램인 플루 트렌드도 구글의 20% 프로젝트에서 나온 것이라 한다. 20% 프로젝트란 업무시간의 20%는 업무와 상관없는 데에 쏟는 것인데, 엉뚱하고 남들이 볼 땐 쓸데없는 생각을 해볼 필요가 있다. 거기서 창의적이고 기발한 조합이 만들어진다.

이제 기존의 사고의 틀과 업무 방식으로는 레드오션에서 빠져나올 수 없다. 블루오션으로 가는 길은 무언가 새로운 것을 더하는 것이 아니라 무엇을 제거할까를 생각하는 데서 발견할 수 있다. 세상이 전환될 때는 발상도 전환돼야 한다.

7

블록체인에서
인터넷 후의 미래를 보다

> 66 권력을 위해 인생을 허비한다면 허망한 것이다.
> 지금 시대만을 위한 것이 아니라
> 손자, 1만년 뒤 후손들의 행복을 위해 일한다.
> 모두가 새로운 시대의 젠트리가 되고
> 기술의 공헌자가 되기를 바란다. 99

블록체인 혁명

21세기의 외계인, 한국에 오다

2017년 9월, 21세기의 외계인이라 불리는 인물이 한국을 방문했다. 비트코인의 동생 격인 암호화폐 이더리움의 창시자 비탈릭 부테린(Vitalik Buterin)이다. 부테린은 1994년 러시아 모스크바에서 태어났는데, 6살 때 부모님의 취업을 위해 캐나다로 이민 갔다고 한다.

어린 시절부터 영재였던 모양이다. 영재학교에서도 수학, 프로그래밍, 경제학 등에서 월등한 기량을 보여 일찌감치 세간의 주목을 끌었던 아이였는데, 17살 때 컴퓨터 프로그래머였던 아버지에게 비트코인 이야기를 듣고 완전히 빠져버렸다. 2011년은 비트코인이 아직 세상에 많이 알려지지 않던 때였는데, 독학해서 글 한 건 당 5

비트코인(당시 시세로 3.5달러)을 받고 비트코인 관련 블로그에 글을 쓰기 시작했고, 6개월 뒤에는 비트코인 전문 잡지 공동 창업을 제안받고 '비트코인 매거진'을 만든다.

2012년 ICT분야의 세계적 명문대인 캐나다 워털루 대학교 컴퓨터과학과에 들어갔지만 그만 둔다. 대학을 중퇴한 후 비탈릭은 10만 달러의 틸 장학금(Thiel Fellowship)을 받는다. 틸 장학금은 페이팔의 공동 창업자인 피터 틸이 만든 건데, 틸은 "대학교 1학년 때 배운 것은 2학년이 되면 무용지물이 될 수 있고, 4년은 너무 길며, 새로운 것을 가르쳐주는 것이 아니라 새로운 것을 못하도록 막는 곳"이라며 장학생으로 선정된 학생에게 대학교를 중퇴하고 창업하는 조건으로 10만 달러를 지원하는 것이다. 재미있는 장학금 아닌가?

2013년 부테린은 '이더리움 백서'를 발표하고, 틸 장학금으로 받은 10만 달러와 크라우드 펀딩으로 모은 165억 원으로 이더리움 재단을 만들었다. 또 2014년 11월, '신기술 분야의 노벨상'이라 불리는 '월드 테크놀로지 어워드'의 IT 소프트웨어 수상자로 선정됐는데, 당시 주요 경쟁 후보였던 페이스북 창업자 마크 저커버그를 눌렀다고 해서 화제가 되었었다. 2017년에는 포춘이 선정한 40세이하 가장 영향력 있는 인물 40명 가운데 가장 어린 나이로 공동 10위에 선정되기도 했다. 부테린이 보유하고 있는 이더(Eth, 이더리움의 화폐단위)와 다른 암호화폐의 금액이 이미 수천억 원에 이른다. 그가 한국에 온 것은 '서울 이더리움 밋업'에서 강연하기 위함이었는데, 1,000명 정원에 대기자가 800명에 이를 정도로 뜨거운 열기를 보였다.

베일에 싸인 블록체인의 등장

이더리움은 비트코인에 이어 두 번째로 시가총액이 큰 암호화폐다. 그런데, 여기서 핵심은 비트코인이나 이더리움이 아니라 블록체인(blockchain)이라는 알고리즘이다. 블록체인은 블록들이 체인으로 연결되어 있다 해서 붙여진 이름인데, 누구나 퍼갈 수 있는 오픈소스이기도 하다. 부테린도 블록체인을 기반으로 비트코인보다 한 단계 진화된 이더리움이라는 스마트계약 체계를 만든 것이다.

흔히 4차 산업혁명하면 사물인터넷, 빅데이터, 인공지능, 클라우드, 자율주행차 등의 기술이 주로 언급되지만, 블록체인이 핵(核)이라는 것을 눈치채는 사람들은 많지 않다. 또 블록체인에 대한 관심과 이해도도 아직까지는 상대적으로 낮은 상태다. 그러나 점점 블록체인에 새로운 기회가 잠재해 있다는 것을 깨닫고 블록체인 기반의 사업모델을 채택하는 기업들이 늘고 있다. 블록체인이라는 핵이 폭발할 때 나오는 에너지는 전 지구를 덮을 것이고 다른 세상으로 변화시킬 만한 파워를 가지고 있기 때문이다.

4차 산업혁명 기술들의 심층에 흐르는 알고리즘이 바로 블록체인이다. 블록체인이 금융업에 적용된 것이 비트코인, 이더리움, 리플 등과 같은 암호화폐와 핀테크이고, 제조업에 적용되는 것이 3D 프린팅이나 사물인터넷(IoT)이고, 서비스에 적용된 것이 에어비앤비와 우버 등과 같은 공유경제 모델이다. 그렇기 때문에 블록체인의 핵심원리를 이해하지 못하고서는 지금 벌어지고 있는 혁명의 본질을 통찰할 수 없다.

이것이 우리가 블록체인을 꼭 알아야 하는 이유다. 그리고 비즈니스 선각자들이 발 빠른 행보를 보이고 있는 이유이기도 하다. 돈 탭스콧은 위키피디아의 기상천외한 성공을 보면서 〈위키노믹스〉라는 신조어를 만들어 내더니 블록체인에 잠재해 있는 가치의 폭발력을 2016년 〈블록체인 혁명〉이라는 책에 담아냈다. 블록체인은 혁명이다.

이런 얘기를 하면 "블록체인에 뭔가 대단한 게 들어 있는 모양이구나" 잔뜩 기대하겠지만, 블록을 뜯어보면 0과 1의 비트(bit)로 구성된 암호덩어리일 뿐이다. 블록체인이라는 이름도 10분마다 생성되는 블록들이 레고 블록이 끼워지듯 사슬(chain)처럼 연결되어 있다 해서 붙여진 것이다. 우습지 않은가? 눈에 보이는 실체도 없는 소프트웨어가 어떻게 혁명을 일으킨단 말인가? 더군다나 블록체인은 아주 쉽고 단순하다. 분산화와 권력이동이 핵심원리다.

사건은 2008년 10월 31일 사토시 나카모토라는 이름을 쓰는 묘

령의 개발자(그의 진짜 이름이 무엇인지 또 실존인물인지조차 아직도 베일에 싸여 있다)가 암호화 기술 커뮤니티에 'Bitcoin ; A Peer-to-Peer Electronic Cash System(비트코인 : P2P 전자화폐시스템)'이라는 논문을 올린 데서 시작되었다.

그의 아이디어는 금융거래를 하는 데 있어 중간단계에 있는 은행을 제치고 P2P로, 즉 개인들끼리 자율적으로 거래할 수 있는 탈(脫)중앙화된 자율적 시스템(Decentralized Autonomous Organization)을 구축하겠다는 혁신적인 개념이었지만 당시에는 아무도 거들떠보지 않았다. 그래서 사토시 나카모토가 두 달쯤 지난 2009년 1월 3일 논문 속의 내용을 직접 구현해서 비트코인을 만들어 보였는데, 이때부터 사람들이 몰리기 시작했고 비트코인이 채굴되면서 블록체인이라는 알고리즘도 세간의 주목을 받기 시작한 것이다.

그는 비트코인을 'P2P 전자화폐시스템'이라고 정의 내렸는데, 여기서 P2P를 설계하는 원천기술이 바로 블록체인이고, 비트코인은 사토시 나카모토가 만든 전자화폐시스템의 명칭이면서 동시에 시스템 운영에 참가하는 피어(peer)들에게 주어지는 보상(incentive)으로서의 화폐단위이기도 하다.

이처럼 태생이 샴쌍둥이로 태어났다 보니 많은 사람들이 비트코인과 블록체인을 혼동하지만 이 둘은 다른 것이다. 즉, 비트코인은 시스템이라는 결과물이고, 블록체인은 그 시스템의 설계도라 비유할 수 있다. 곧 샴쌍둥이는 분리되었고 블록체인은 오픈 소스가 되어 있다. 누구든지 공짜로 다운로드해서 다른 암호화폐를 만들 수 있고, 변형해서 새로운 툴을 개발할 수도 있는 것이다.

영리하게도 이런 기회를 놓치지 않고 2015년 블록체인 기반의 이더리움(Ethereum)이라는 한 단계 진화된 시스템을 발표한 러시아계 천재 청년 비탈리크 부테린(Vitalik Buterin)은 20대의 나이에 억만장자의 대열에 올랐다. 이더리움은 화폐 거래 기록뿐 아니라 계약서 등의 추가 정보도 기록할 수 있는 스마트계약 플랫폼이라 할 수 있는데, 비트코인이 금융거래에 국한되는데 비해 이더리움은 프로그래밍도 가능하기 때문에 활용도가 매우 넓다. 예를 들어, 사물 인터넷(IoT)에 적용하면 기계 간 금융 거래도 가능해진다. 이렇게 2009년 세상에 모습을 드러낸 블록체인은 점점 영역을 넓혀 가고 있는 중이다.

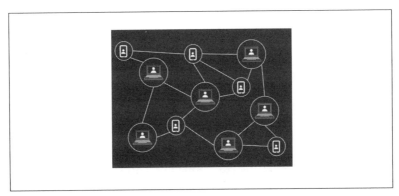

〈 블록체인(blockchain) 〉

블록체인 기반 게임개발 플랫폼, 임프로버블에 투자하다

손정의가 6,000억 원을 투자한 영국의 스타트업 임프로버블(Improbable)도 오픈 소스인 블록체인을 퍼다가 사업을 시작한 회사다. 이 회사가 눈 여겨 지켜봐야 할 다크호스다. 임프로버블은 구글과 가상현실게임 플랫폼 개발에 협업하면서 기술력을 인정받았고 미국의 와이어드(Wired)가 '영국의 눈길 가는 스타트업 10곳'을 선정할 당시 이름을 올리기도 했는데, 임프로버블이라는 회사명처럼 현실가능성 없어 보이는 프로젝트에 도전하는 젊은 회사다.

창업자인 허먼 나룰라(Herman Narula)는 1988년 인도 델리에서 태어나 영국 캠브리지대에서 컴퓨터공학을 전공했다. 나룰라는 처음에는 게임 개발에 관심이 많았지만 블록체인을 접하고는 블록체인 기반의 플랫폼을 만드는 사업모델로 임프로버블을 창업한다.

게임업체들이 가상현실게임을 개발하려면 엄청난 돈이 들어간다. 게임개발비뿐 아니라 서버 관리도 큰 문제다. 전 세계 게이머들이 동시에 몰리다보면 슈퍼컴퓨터라도 다운될 수 있기 때문인데, 임프로버블은 게임개발자들이 손쉽게 개발할 수 있는 플랫폼을 제공하는 사업모델이다. 그리고 클라우드 컴퓨팅 기술과 블록체인 알고리즘을 활용해서 서버를 중앙에 놓는 것이 아니라 개인들의 컴퓨터로 분산시킨다. 다시 말하면, 슈퍼컴퓨터 대신 개인(peer)들의 잉여 컴퓨터자원을 게임서버로 활용하는 원리다. 이렇게 하면 다수의 이용자가 동시에 가상현실세계에 진입하더라도 서버가 다운되거나 해킹되는 문제를 방지할 수 있을 뿐만 아니라 개인(peer)도 게임을 개발할 수 있다.

이것이 임프로버블의 가상현실을 지원하는 운영체제인 '스페이셜(Spatial OS)'의 원리다. 가상현실은 4차 산업혁명에서 빼놓을 수 없는 기술인데, 게임 등 엔터테인먼트를 넘어 교육, 여행, 로봇 등등 다양한 사업 분야에 접목될 것이다. 소프트뱅크가 임프로버블의 가능성을 알아보고 미래로 가는 길목을 선점한 셈이다.

블록체인은 누가 왜 만들었는가?

문제는 은행이야!

그럼 블록체인이란 무엇인가? 비유를 들어, 여기 100명으로 구성된 마을공동체가 있다고 가정해 보자. 이들은 각자 자신의 일을 하며 경제생활을 하고 있다. 그런데, A가 돈이 필요해져 대출을 받아야 할 상황이 되었다. 여기저기 수소문한 결과 B가 여윳돈이 있음을 알게 돼서 그에게 돈을 빌리기로 했다. 대출이라는 금융거래가 발생한 것이다. 두 사람은 만나서 언제까지 갚기로 하고 돈을 주고받았는데, 문제가 발생했다. A와 B가 서로 다른 얘기를 하는 것이다. 이런 경우 어떻게 해야 하는가?

또 상품거래를 하는 사람들도 있다. 그런데 이 역시 분쟁이 생길 소지가 있는 것이다. 또는 서로 부동산거래를 하려면 돈을 주고받고 등기를 넘겨주는 절차 등을 해결해야 한다. 이런 사회적 신뢰의 문제를 어떻게 해결해야 할까?

옛날처럼 마을공동체를 이루어 옆집에 숟가락 젓가락이 몇 개 있는지 서로 알면서 오순도순 살 때는 서로 인간적으로 해결하면 됐었지만, 산업혁명이 일어나고 도시화와 산업화가 진척되면서 사회적 신뢰의 문제가 수면위로 떠오른 것이다. 숙박공유모델인 에어비앤비 CEO 브라이언 체스키도 〈에어비앤비 스토리〉에서 이런 말을 했다.

"먼 옛날, 지금의 여러 도시들은 작은 마을이었다. 하지만 대량생산과 산업화가 이루어지면서 그러한 인간적인 느낌은 '대량생산되고 인간미 없는 여행'으로 대체됐다. 그에 따라 사람들은 서로를 신뢰하지 않기 시작했다."

그래서 은행 같은 게 필요해졌다. 은행은 산업혁명의 산물이다. 사회시스템은 거대해졌고, 자본주의 하에서 사회적 신뢰를 담보할 수 있는 중간조직이 생겨났는데, 그게 은행과 같은 금융시스템이다.

금융업은 지난 200년 간 혁혁한 공을 세우면서 경제시스템의 중앙무대에 서게 되었다. 은행이 없었더라면 산업문명은 존재할 수 없었을 것이다. 산업시대 은행은 막강한 권력을 가지게 되었고 중심부에서 모든 거래와 경제행위를 조정하고 통제해 왔다.

그런데, 인터넷 시대가 되면서 문제가 생기기 시작했다. 은행의 금융시스템이 시대에 뒤떨어지게 된 것이다. 특히 디지털과 인터넷은 금융의 파이프라인을 급속하게 녹슬게 만들었는데, 몇 가지 예를 들어 보자. 글로벌 시대가 되면서 환전과 해외송금의 거래량과 액수가 늘어났다. 그런데 은행의 파이프라인이 다단계이다 보니 시간도 며칠, 경우에 따라서는 몇 주 걸릴 뿐 아니라 거의 10~20% 정도의 수수료도 발생한다. 한 비트코인 업체의 경영자 에릭 부히스(Erik Voohees)의 말을 들어 보면 심각성이 공감될 것이다.

"뱅킹시스템을 통해 중국에 돈을 보내는 것보다 철제도구를 부치는 게 더 빨라요. 대체 이게 말이 되나요? 돈은 이미 디지털로 바뀐 지 오래예요. 송금작업은 화폐다발을 직접 부치는 게 아니잖아요."

(블록체인 혁명, 116쪽)

공감되지 않는가? 돈을 송금한다는 것은 단지 내 계좌와 상대방 계좌의 숫자가 바뀌는 것뿐인데 빛의 속도로 정보가 이동하는 시대에 이렇게 오래 걸리고 중간단계에서 적지 않은 수수료를 뗀다는

192

것은 불합리하다. 파이프라인에 녹이 잔뜩 슬어 있고 거품도 끼어 있기 때문이다.

아프리카나 동남아 등 가난한 국가들에는 해외에 나가 있는 가족들이 막노동의 대가로 보내주는 돈에 의지해서 살아가는 사람들이 많다. 이들의 돈을 그런 파이프라인을 거치게 한다는 것은 잔인하다는 생각까지 든다. 더구나 그들 중에는 은행계좌를 개설할 수 없을 정도의 빈곤층들도 부지기수다. 신용을 확인할 수 없거나 불량하면 통장을 개설해 주지 않으니까. 전 세계 약 20~30억 명은 은행거래를 할 수 없다. 이들에게 은행은 거대 권력이고 인류의 절반 정도는 소외되어 있다.

또 은행에서 대출받았을 때의 감정을 생각해 보라. 떼어오라는 서류도 많고, 작성해야 할 종이서류 역시 한 다발, 신원보증까지, 생각만 해도 짜증나는 통과의례를 거쳐야 한다. 인터넷을 넘어 모바일 시대가 되었는데도 사회적 신뢰를 담보해야 한다는 이유를 핑계 삼아 은행의 시스템은 구태를 벗지 못하고 있는 것이다.

은행만 그런 것이 아니다. 주식 거래는 눈 깜빡할 사이에 이루어지지만 최종정산까지는 며칠이 걸린다. 국채나 지방채, 회사채를 발행하는 데에도 중간 단계에 거품이 끼어 있다. 보험 역시 비합리적인 모순점을 해소하지 못하고 있다. 그동안 금융업은 이렇게 사람과 사람의 중간에서 신뢰를 담보해 주는 대가로 과도한 권력과 이익을 누려왔던 것이다. 전 세계에서 발생하는 금융이익을 합산하면 아마 수천 조 원을 넘을 텐데, 그것을 모든 사람들이 가질 수 있게 해준다면 아프리카나 난민들 문제도 해결할 수 있게 되고 거대중앙권력으로부터 소외되었던 절반의 지구인들을 구원할 수도 있다.

우리는 99%다

기어이 2008년 미국에서 금융위기가 터지고야 말았다. 곪아오던 게 터진 것이다. 리먼 브라더스의 파산을 시작으로 도미노처럼 무너지면서 금융계를 패닉 상태에 빠뜨렸고, 전체 산업계로 확산되면서 불황의 늪에 빠지게 되었고, 그 파장은 거미줄을 타고 전 세계로 퍼져갔다. 분노한 시민들의 월 스트리트 점령운동도 전개되었었는데, 그때 슬로건이 "We are 99%(우리는 99%다)"였다. 즉, 일반인들은 엄두도 못 낼만한 고액 연봉을 받는 소위 엘리트 전문가라는 1%의 고소득자들이 만든 금융공학의 산물이 서민들의 삶을 한순간 초토화시키는 것을 보면서 정부나 대기업 등 제도권과 기득권층, 즉 상위 1%에 대한 혐오감이 커졌고, 새로운 시민의식도 싹트게 된 사건이었다.

그러고는 2009년 1월 3일 사토시 나카모토가 만든 비트코인이 선을 보였다. 그는 비트코인을 중간에서 개입하는 기관 없이 "전적으로 거래 당사자 사이에서만 오가는 전자화폐"라고 소개하고 "P2P 네트워크를 이용해 이중지불을 막는다"라고 설명했는데, 여기서 P2P 네트워크를 이용해 이중지불을 막기 위해 쓰이는 원천기술이 바로 블록체인이었다.

금융거래에 있어 신뢰문제를 해결하는 원천기술이 블록체인이고, 그걸 기반으로 만들어진 화폐시스템이 비트코인인 것이다. 사토시 나카모토가 만들려고 했던 것은 블록체인이 아니라 비트코인이었지만, 비트코인 전자화폐시스템을 구축하려다 보니 화폐의 생명이라 할 수 있는 신뢰(trust) 문제를 어떻게 담보할 수 있을까가 고민이었고, 해결책으로 고안한 알고리즘이 블록체인이라는 말이다. 2015년 〈이코노미스트〉가 블록체인을 특집 기사로 다루었을 때 표지 헤드라인이 '신뢰 기계(Trust Machine)'였던 것도 이런 의미다.

그러면 사토시 나카모토는 왜 비트코인을 만들려고 했을까? 금융시스템에 대한 불신 때문이다. 2008년 금융위기가 트리거였다. 블록체인이란 1%에 대한 99%의 반란이다. "지금까지 1%에게 맡겨놨더니 도대체 이게 뭐냐? 너희는 손 떼. 이제부터는 우리끼리 직접 알아서 할게, P2P 방식으로." 이것이 사토시 나카모토가 기존 금융시스템에 대항하는 비트코인이라는 새로운 화폐시스템을 시작한 출사표였다.

비켜, 우리끼리 알아서 할게

그러면 어떻게 99%들끼리 알아서 할 수 있을까? 다시 100명의 마을공동체 이야기로 돌아가 보자. 앞에서 예를 들었던 골치 아픈 문제를 해결하는 첫 번째 방법이 중간에서 조정하고 통제하는 누군가를 세우는 것이었다. 그것이 지난 200년 간 은행이나 정부의 존재의 이유였다. 그런데 그것 말고 다른 방법은 없을까?

이런 아이디어는 어떨까? A와 B가 대출이라는 금융거래를 할 때 당사자들끼리만 만나 계약할 것이 아니라 공동체 구성원인 100명 모두가 참석하는 회의를 여는 것이다. 그리고 거래사실과 내역을 당사자 두 사람의 장부에만 기록하지 말고 100명 모두의 장부에 동일하게 기록해 놓는다. 그러면 나머지 98명은 증인이 되는 셈이다.

상품거래나 부동산거래도 마찬가지다. 서로 거래를 하고 돈을 주고받을 때 100명의 장부에 계약내역을 동일하게 기록해 놓으면 나중에 딴소리 못하지 않겠는가? 공동체에서 경제행위가 발생할 때마다 마을회관에 100명이 모두 모여 그것을 승인, 확증해 주고 모두의 장부에 분산기록해서 봉인해 놓자는 것이 블록체인의 아이디어다.

그러면 반문이 제기될 것이다. 한두 건도 아니고 거래가 생길 때마다 전체회의에 참석하면 일은 언제 하라는 것인가? 그렇다. 옛날에는 그게 문제였다. 그래서 은행이나 정부 등 중간조직을 만들 수밖에 없었던 것이다. 그러나 디지털과 인터넷이 과거에는 불가능했던 것을 가능하게 만들어 주었다. 특히 스마트폰은 누구나 언제 어디서나 무엇이든 할 수 있는 여건을 조성해 주었다.

나는 내 일을 하면서 마을회관에는 나의 대리인, 즉 아바타를 보내면 된다. 또 마을회관은 오프라인에 있는 것이 아니라 온라인상에 존재할 수 있게 되었고, 지구 어디에 있든지 연결되어 동시간적 전체회의가 가능해졌다. 중간에서 은행이 개입하지 않아도 사회적 신뢰를 확보할 수 있는 인프라스트럭처가 조성된 것이다.

비트코인 시스템은 일종의 경제공동체, 즉 플랫폼이다. 비트코인 공동체 구성원들은 네트워크로 실시간 연결되어 있다. 구성원들은 365일 24시간 네트워크상에 상주한다. 물론 인간이 상주하는 것이 아니라 컴퓨터가 대신하는데, 그것을 노드(node)라 부른다. 공동체 안에서 일어나는 모든 거래내역은 전체구성원들과 공유되고 10분 간격으로 거래내역을 암호화하여 블록(벽돌)을 찍어 내서 그것을 각자의 컴퓨터에 분산 보관하는 것이다. 이렇게 새로 만들어진 블록은 이전 10분마다 만들었던 블록들과 체인처럼 연결된다. 은행의 중앙서버에 기록하는 대신! 이것이 사토시 나카모토가 생각해 낸 블록체인의 원리였다.

다른 말로 표현하면, 비트코인이라는 플랫폼의 신뢰를 유지하려면 구성원 모두 동의하는 규약이 필요한데, 그 프로토콜(protocol)이 블록체인인 것이다. 그러면 비트코인 플랫폼에 참여시키고 규약을 준수하고 마을회의 때마다 참석하게 하려면 사람들에게 인센티브를 주어야 하지 않겠는가? 거마비나 회의 참석비 명목으로. 그것이 비트코인이라는 돈이다.

비트코인의 두 가지 의미

비트코인(bitcoin)은 이름에서 암시하듯 디지털의 최소단위인 0과 1의 비트(bit)로 만들어진 돈이다. 우리 주머니 속에 들어 있는 동전은 아날로그의 최소단위인 원자(atom)로 구성된 물리체이지만 비트코인은 눈에 보이지 않는 가상현실 속의 전자화폐일 뿐이다.

비트코인이 최초의 전자화폐는 아니다. 1990년대 인터넷이 확산되면서 화폐의 디지털화는 시작되었었다. 도토리로 아이템도 구매했고 포인트나 마일리지를 현금처럼 사용할 수 있다. 많은 가상화폐, 전자화폐 등이 쏟아져 나왔다. 화폐개혁이 일어난 것이다. 화폐의 개념과 형태가 변했고, 과거에는 한국은행만 발행할 수 있었던 화폐를 기업이나 이제는 개인도 발행할 수 있게 되었다. 2009년 첫선을 보인 비트코인도 이런 연장선상에 있는 것이다.

사토시 나카모토가 만들려고 했던 것은 사실 전자화폐가 아니라 화폐시스템이었다. 그의 논문 제목이 'Bitcoin ; A Peer-to-Peer Electronic Cash System(비트코인 : P2P 전자화폐시스템)'이었던 것을 보면 의도를 짐작할 수 있는 일이다. 비트코인은 이중적인 의미를 가지고 있다. 화폐단위로서의 비트코인과 화폐시스템으로서의 비트코인이다. 화폐단위로서의 비트코인은 앞에서 말했듯 참여노드들에게 인센티브로 주어지는 돈이다. 자신의 컴퓨터 자원을 제공하고, 비싼 전기료 —비트코인의 가장 큰 약점이 악명 높을 정도로 전력을 많이 소요한다는 점이다— 를 부담하는 데 따른 보상(incentive)이 비트코인 화폐인 것이다.

요즘 비트코인에 대한 사회적 관심이 늘어나는 것은 실은 시스템으로서의 비트코인보다는 화폐로서의 비트코인에 있다. 이미 1비트코인이 수백만 원을 넘었고 계속 오르락내리락 하니까 금이나 주식처럼 투자 수단으로 생각하는 사람들도 많다. 아마존에서 제품을 구매하고 비트코인으로 결제할 수 있고, 비트코인과 같은 암호화폐(crypto currency)를 정식통화로 인정하는 국가들이 갈수록 늘어나고 있다. 또 국내에도 비트코인 거래소가 생겼고 비트코인 ATM이 많아지고 있어서 쉽게 돈으로 환전할 수 있다. 이렇게 비트코인은 일상에서 쓰이는 화폐로 자리 잡아가고 있다.

그러나 이건 최근 몇 년 사이의 일이고 초기에는 세간의 관심을 끌지 못했다. 재밌는 일화가 있다. 2010년 5월, 그러니까 비트코인이 나온 지 1년 좀 넘었을 때였는데, 미국 플로리다 잭슨빌에 사는 '라스즐로 핸예츠' 라는 프로그래머가 한 온라인 게시판에 피자 2

판을 배달해 주면 비트코인 1만 개를 주겠다는 글을 올렸다. 당시 비트코인은 막 유통되기 시작한, 쉽게 말하면 싸이월드의 '도토리' 나 카카오톡의 '초코' 같은 가상화폐였는데, 1만 비트코인은 41달 러였고 라지 피자 2판 가격은 30달러였으니 피자집으로선 밑지는 장사는 아니었던 셈이다.

당시 1비트코인이 1센트도 안 됐었다는 얘기인데, 그랬던 것이 2011년 2월 1달러를 넘었고, 2013년 12월에는 1,000달러를 넘었다가 그 후 몇 년 폭락했지만, 다시 회복해서 2017년에는 한때 10,000달러를 상회했다. 2010년 라스즐로는 1,000억 원이 넘는 피자를 먹었던 셈이다.

어쨌든 사토시 나카모토의 주관심사는 화폐시스템을 구현하는 것이었다. 그것도 중앙에서 컨트롤하는 기관이 없이 P2P 자율적 방식으로 작동되는 시스템이다. 도토리나 포인트는 그 가치를 담보해 주는 기업이 있어 신뢰를 확보할 수 있지만, 중앙에는 아무도 없이 99%끼리 알아서 해야 하는 DAO(Decentralized Autonomous Organization), 탈중앙화된 자율적 조직에서는 누가 비트코인의 화폐 가치와 사회적 신뢰를 담보해 줄 수 있을 것인가? 그것이 사토시 나카모토의 고민이었고, 이 문제를 해결하는 알고리즘이 블록체인 이다.

단순히 하나의 전자화폐가 아니라 플랫폼을 만들려면, 그것도 분산되고 자율적으로 작동하는 시스템이 되려면 이전의 전자화폐들과는 또 다른 장치가 필요했다. 그것이 암호다. 그래서 비트코인이나 이더리움, 리플 등을 암호화폐(crypto currency)라고 부른다.

블록체인은 플랫폼을 만드는 기술이다. 중앙의 1%가 조정하고 통제하는 플랫폼이 아니라 99%의 피어들이 스스로 자율적으로 처리하는 진정한 의미의 오픈 플랫폼이 사토시 나카모토가 꿈꿨던 세상이었다. 그 플랫폼의 이름이 비트코인이고, 오픈 플랫폼을 만드는 알고리즘이 블록체인이다.

블록체인의 원리

집단지성으로 신뢰 문제를 해결하다

비트코인은 중간에 끼어 있는 은행이나 기관들을 제쳐버리자는
데서 시작되었다. P2P 거래에서는 중간단계들이 모두 생략된다.
이 얼마나 유쾌한 일인가? 원래 인류는 동굴 속에서 살 때부터 떼
를 지어 다니며 공동체생활을 영위하면서 그런 식으로 살아왔다.
사토시 나카모토의 아이디어는 옛날 공동체 시절처럼 개인들끼리
직거래를 하게 하자는 것이었다.

P2P 방식으로 바꾸면 중간에서 1%들이 챙기던 수수료 등의 돈
이 99% 피어(peer)들에게 돌아갈 수 있다. 저절로 아프리카나 난민
들 문제도 해결할 수 있게 되고 거대중앙권력으로부터 소외되었던
절반의 지구인들도 참여할 수 있다. 이렇게 비트코인은 진정한 경

제민주주의라는 야무진 꿈에서 시작된 것이다.

문제는 꿈이나 아이디어만으로 해결할 수 있는 것이 아니라는 점이다. 마을회관에 모두 모여 거래를 승인하고 확정이 되면 각자의 장부에 기록 봉인해 놓는 아이디어는 좋다! 그러나 오프라인이 아니라 네트워크상에서 이것을 구현하려면 넘어야 할 장벽이 있다. 사토시 나카모토는 2가지 기술적인 문제를 풀어야 했다. 하나는 은행이 담당하던 신뢰를 어떻게 담보할 것인가, 또 하나는 해킹으로부터의 보안 문제다. 이 문제의 해법이 블록체인이다.

블록체인은 우리말로 그대로 번역하면 벽돌사슬인데, 벽돌 위에 벽돌을 계속 쌓아 성벽을 구축하는 방식이다. 레고 블록쌓기와 비슷하다. 레고 블록 위에 또 다른 블록을 계속 끼듯이 블록체인도 그런 식이다. 비트코인 시스템에서는 10분마다 새로운 블록이 생성되고 이전 블록과 맞물리며 체인화된다. 물론 블록체인의 블록은 유형의 물체가 아니라 컴퓨터 소프트웨어다. 즉, 블록을 분해해 보면 0과 1밖에 없다. 블록은 암호덩어리라고 생각하면 된다.

100명 마을공동체에 비유하자면, 10분 동안 일어난 거래내역을 100명의 장부에 동일하게 분산기록하고 그것을 봉인한 것이 하나의 장부(블록)라 할 수 있고, 그것을 이전 장부들과 끈으로 묶어놓는 방식이다.

그런데, 사람들이 마을회관이라는 오프라인 공간에서 만나 면대면(face-to-face) 방식으로 처리하는 것과는 달리 디지털과 인터넷에서 P2P를 구현하려면 '이중지불'이라는 난제를 해결해야 한다. 사토시는 논문에서 "P2P 네트워크를 이용해 이중지불을 막는다"고 했는데, 먼저 '이중지불의 문제(Double-spending Problem)'라는 컴퓨터공학 용어를 생각해 보자.

전자화폐는 디지털 문서와 마찬가지로 단지 컴퓨터상의 파일일 뿐이다. 우리가 누군가에게 문서를 이메일로 보낼 때 첨부된 문서는 원본이 아니고 복사본이다. 즉, 문서를 보내도 원본은 내 컴퓨터에 그대로 남아 있다. 디지털화폐를 송금할 때 이것은 큰 문제다. 친구에게 전자화폐를 보내도 컴퓨터에서 사라지지 않고 그대로 남게 된다면 다른 사람에게도 또 보낼 수 있기 때문이다. 이중 삼중으로 지불이 된다면 금융시스템은 존재할 수 없다.

이런 한계 때문에 인터넷은 정보의 이동을 가능하게 했지만 가치의 이동은 불가능하다. 즉, 돈이나 부동산 권리, 지적재산권, 투표권 등과 같은 자산은 보낼 수 없는 것이다. 비트코인이 등장하기 전까지 이 문제는 신용을 담보해 주는 은행이나 카드사, 또는 페이팔 등 제3의 중개자에게 장부관리 역할을 위탁하는 것에 의해서만 해결할 수 있는 것이었다. 이를 통해 이중지불의 문제는 피할 수 있었던 대신 비효율과 비용이라는 부담을 짊어져야 했지만.

블록체인이 '가치의 인터넷'이라고도 부르고 혁명적이라 하는 것은 이중지불의 문제를 멋지게 해결했기 때문이다. 원리는 분산과 공개다. 매 10분 단위로 만들어지는 블록에는 10분간의 모든 거래내역이 담겨 있다. 그리고 예전 같았으면 은행 중앙서버에 비밀스럽게 보관했어야 할 장부를 시스템 참여자(노드 또는 채굴자)들에게 공개하고, 합의가 이루어지면 블록을 복사해서 그들의 컴퓨터에 동시에 분산 저장한다. 그래서 블록체인을 분산 장부(decentralized ledger)라 부른다.

이런 구조에서는 디지털화폐를 두 번 보낼 수 없다. 또 속임수나 조작도 불가능하다. 왜냐하면, 모든 시스템 참여자들에게 거래내역이 투명하게 공개되고, 이들이 승인하고 감시하기 때문이다. 물론 이런 일은 사람이 아니라 컴퓨터(node)가 한다.

즉, 이중지불의 문제를 컴퓨터공학 기술로 푼 것이 아니라 P2P 네트워크에서 생성되는 집단지성으로 해결한 것이다. 이것이 "P2P 네트워크를 이용해 이중지불을 막는다"는 사토시 논문의 진의다. 이처럼 블록체인은 집단지성(collective intelligence)의 힘으로 중간관리자 없이 이중 지불과 사회적 신뢰 문제를 해결한 합의 알고리즘이다. 그리고 수 만 명의 시스템 참여자 및 이용자들로 구성된 전지구적 규모의 P2P 네트워크가 스스로 금융기관의 역할을 하게 된 수평적 금융네트워크가 비트코인 시스템이다.

이 작업은 10분 간격으로 반복되는데, 이때 비트코인 화폐가 채굴(mining)된다. 사실 참여자들은 10분 동안 '해시캐시(hashcash)'라는 암호 문제를 풀어야 하는데, ―이것이 작업증명(PoW : proof of Work)이다— 가장 먼저 푼 노드에게 보상으로 비트코인이 주어지는 것이다.

분산으로 보안 문제를 해결하다

이렇게 블록체인은 P2P 네트워크의 힘으로, 즉 집단지능을 활용하여 신뢰의 문제를 해결했다. 그럼 두 번째 문제인 보안은 어떻게 해결하는가?

인터넷 시대 가장 위험한 이슈는 해킹이다. 고도로 지능화된 해킹 기술들이 계속 업그레이드되고 있는 상황에서 은행이 아무리 방화벽을 철저히 구축하고 보안시스템에 투자한다 하더라도 경찰 열이 도둑 하나 잡기 어려운 법이다. 누군가가 인공지능에게 해킹을 학습시켜 은행을 집중 공격하는 시나리오도 개연성 있는 일이다. 이렇게 은행시스템은 보안에 취약할 수밖에 없다. 또 만일 전쟁이나 천재지변이 일어나서 은행 서버가 날아가 버린다면 어떻게 되겠는가? 끔찍한 일들이 벌어진다. 은행이 털리면 지구는 다운된다.

이런 문제를 해결하려면 어떻게 해야 할까? 장부를 분산 보관하면 된다. 어디로? 개인들의 컴퓨터로. 이것이 사토시 나카모토가 착안한 포인트였다. 은행처럼 중앙에서 모든 거래내역들을 통제하려고 자신들의 서버에 모든 거래내역을 기록 보관해 놓지 말고 개인(peer)들의 컴퓨터에 분산 보관한다면 지구가 멸망하지 않는 한 안전할 것이다.

개인들의 컴퓨터에 분산되어 있는 장부를 해킹한다는 것은 사실상 불가능하다. 예를 들어, 나의 잔고를 100억으로 바꿔놓으려면? 10분 내에 모든 노드들의 컴퓨터를 해킹해서 바꿔야 한다. 그런데, 그것만 바꾼다고 될 일이 아니다. 이전의 블록해시와 맞물려 있기 때문에 그 이전의 블록들에 들어 있는 거래내역도 모두 바꿔놓아야 하는 것이다. 그런 식으로 블록 안에 들어 있는 해시(hash)화되어 있는 암호를 풀려면 엄청난 연산력이 필요한데, 현재 지구상에 있는 1위에서 500위의 슈퍼컴퓨터를 모두 가동해도 부족하다고 한다. 분산되어 있는 블록체인이 은행보다 안전하다는 얘기다.

이것이 10분마다 블록을 공개적으로 생성하고 분산시켜 체인화하는 블록체인 기술이 은행과 중앙기관들이 하던 신뢰성과 안정성을 대체할 수 있게 한 원리다. 사토시 나카모토는 블록체인 알고리즘으로 비트코인 시스템을 만들어 2009년 1월에 공개했던 것이다.

블록체인은 말 없는 마차다

이것이 블록체인의 원리다. 인터넷망을 활용하여 전 세계 흩어져 있는 참여노드들에게 정보를 투명하게 공개하고 분산 보관하는 암호화 소프트웨어라고 정의할 수 있다. 한 마디로 요약하자면, 공유의 기술이다.

의외로 단순하지 않은가? 블록체인 관련 책이나 블로그 글들을 읽어보면 해시암호니 작업증명이니 '비잔틴 장군의 딜레마' 니 하는 용어들이 진도를 가로막는데, 정말 이 정도만 이해해도 블록체인이 일으킬 4차 산업혁명 시대를 대비하기에 충분한 것일까? 그렇다. 자동차의 기계적 원리를 상세히 몰라도 운전을 더 잘할 수 있고, 자동차 관련사업도 할 수 있듯이 프로그래머가 아니라면 이 정도 이해해도 업무에 활용할 수 있다.

비유하자면, 지금 우리는 자동차가 막 나온 마차 시대에 있다. 자동차라는 물체를 처음 본 사람에게 자동차를 어떻게 설명해 주면 이해할 수 있을까? "자동차 안에는 엔진이라는 게 있는데, 석유를 엔진에 넣어주면 폭발하면서 피스톤 운동에너지가 발생해. 이걸 트랜스미션이라는 것이 바퀴로 전달해서 움직이는 것이 자동차야." 100년 전 사람들에게 이렇게 설명을 해줬다면 얼굴 표정이 어땠을까?

단순하게 '말 없는 마차' 라고 해야 쉬웠다. 또는 '말 대신 엔진이 끄는 마차' 라고 설명했어야 했다. 블록체인이 엔진이고, 비트코인이 자동차다. 지금의 금융시스템을 앞에서 은행(말)이 끌고 가는 마차라고 한다면, 비트코인은 블록체인(엔진)이 에너지를 발생시켜 스스로 움직이게 하는 자동차에 비유할 수 있다.

많은 사람들이 블록체인과 비트코인을 혼동하는 이유가 초창기에는 이 둘이 한 몸처럼 붙어 있었기 때문이다. 그러다 분리되기 시작한다. 오픈 소스인 블록체인은 누구나 공짜로 다운로드해서 실행할 수 있고 마음대로 응용/변형할 수 있다. 마치 컴퓨터 운영체제

208

리눅스(Linux)처럼. 또 금융뿐 아니라 온라인 거래를 관장하는 새로운 툴을 개발할 수도 있다. 실제로 비트코인이 성공을 거두자 블록체인 기반의 유사화폐(alt coin)들이 쏟아져 나왔다. 피어코인, 블랙코인, 이더리움(Ethereum), 리플 등이 그런 사례다. 특히 비탈리크 부테린(Vitalik Buterin)이라는 당시 19세의 청년이 개발한 이더리움은 블록체인 기반의 스마트계약 플랫폼으로 블록체인을 한 단계 진화시킨 것이다.

이것은 마치 자동차 엔진이 발전해서 6기통, 8기통, 또는 DOHC 엔진이 나오고, SUV 차량이나 캠핑카로, 또는 엔진 대신 배터리로 움직이는 전기자동차로 바꿀 수 있는 것과 같다. 엔진의 원리는 자동차뿐 아니라 다른 기계제품에도 적용된다. 블록체인이 처음에는 비트코인이라는 금융시스템과 붙어 있어 핀테크(fintech)의 하나 정도로 인식되었었지만, 블록체인의 파괴력은 모든 업종으로 퍼져나갈 것이다.

블록체인은 제2의 인터넷이다

블록체인의 핵심사상은 분산화와 권력이동이다. 즉, 블록체인은 세상의 모든 거래를 은행의 중앙서버 대신 피어들의 컴퓨터에 분산(分散)시켜 기록해 놓겠다, 그리고 피어들끼리 자율적으로 해결하겠다는 것이다. 그래서 블록체인을 분산장부(decentralized ledger)기술이라고 부르고 탈중앙화된 자율적 조직이라고 부른다.

그런데 잘 생각해 보라. 이것은 인터넷의 원리이기도 하다. 인터넷 시스템에도 중앙에서 통제하는 기구가 존재하지 않고, 서버와 클라이언트 간 자율적으로 운영되는 오픈 시스템이다. 즉, DAO, 탈중앙화된 자율적 조직이다. 2장에서 설명한 하이퍼텍스트 이야기를 기억하는가? 하이퍼텍스트 역시 쉽게 말하자면, "나 더 이상 못 하겠다. P2P 방식으로 당신들끼리 알아서 해라!" 이렇게 분산시키고 권력을 개인들에게 이양한 것이다. 예전에는 정보를 체계적으로 분류하는 중심주체가 도서관이나 연구소 등 따로 존재했었는데, 그런 방식으로는 넘쳐나는 정보들을 보관하기도 어려워지다 보니 아예 개인(peer)들에게 주도권을 넘겨주자, 다시 말해 개인들의 손가락에 맡겨버린 것이 하이퍼텍스트라는 말이다. 우리가 인터넷을 보다가 글자나 이미지에 커서를 대면 손가락 모양으로 바뀌고, 그걸 꾹 누르면 다른 페이지로 이동하는데 문서들이 하이퍼링크 되어 있기 때문이다.

이렇게 하이퍼텍스트와 블록체인은 기본원리가 동일하다. 하이퍼텍스트라는 알고리즘이 인터넷을 만들었다면 블록체인 알고리즘이 암호화폐시스템을 만든 것이다. 블록체인을 제2의 인터넷이라 부르는 이유가 여기에 있다. 또 하이퍼텍스트에 대비되는 개념으로 블록체인을 하이퍼레저(hyperledge)라고 부르기도 한다. 인터넷이 문서들을 연결시켰다면 블록체인은 거래장부들을 연결시키는 것이다.

1990년대 인터넷이 확산되면서 세상을 뒤집어 났다. 사람들의 라이프스타일이 바뀌었고 비즈니스 생태계도 요동쳤다. 그것이 3차 산업혁명이었고, 주범이 하이퍼텍스트였다. 지금 그 바통을 블록체인이 이어받으면서 4차 산업혁명을 일으키고 있는 것이다.

그러면 하이퍼텍스트와는 어떤 차이가 있는 것일까? 쉽게 비유로 설명하자면, 하이퍼텍스트가 거미줄(web)이라면 블록체인은 거미인간이다. 다른 말로 표현하면, 블록체인은 웹이 지능을 갖게 된 웹3.0의 개념이고, 인터넷이 쳐 놓은 거미줄 위에 배후에 있던 집단지능(collective intelligence)을 가진 거미인간이 실체를 드러냈다는 말이다. 이 거인이 세상을 바꿔놓을 것이다.

하이퍼텍스트가 거미줄처럼 연결시켜 놓은 웹 인프라스트럭처 위에 집단지능이 얹어진 것이 블록체인이고, 여기에 인공지능과 사물인터넷 등의 기술이 융합되면서 4차 산업혁명이 일어나고 있는 것이다.

처음에는 사회적 신뢰와 금융의 보안 문제를 해결하기 위해 고안된 비트코인을 만드는 알고리즘으로 개발된 블록체인이 다른 업종들까지, 그리고 비즈니스 생태계 전반으로 빠르게 확산되고 있다. 심지어 국가와 정부를 사라지게 만들 수도 있다. 블록체인에 주목하고 블록체인의 원리를 사업모델에 적용하려는 시도를 해야 한다.

블록체인의 파워와 미래

공유경제의 완성체, 블록체인

블록체인에 대한 설명을 좀 길게 한 것은 블록체인의 원리를 모르고서는 지금 벌어지고 있는 혁명의 본질을 통찰할 수 없기 때문이다. 분명 블록체인은 4차 산업혁명의 주동자다. 초기에는 단지 비트코인을 만드는 소프트웨어로 시작되었지만 진화를 거듭하면서 인류의 미래까지도 바꿀 수 있는 파괴력을 발휘할 것이다. 블록체인이 무서운 것은 블록체인이 어렵고 복잡한 기술이 아니기 때문이다. 오히려 단순하기 때문에 파괴력을 갖는다. 원래 쉽고 단순한 것이 가장 강력한 법이다.

인류의 가장 위대한 발명품이라 불리는 복식부기는 상업의 폭발적인 성장을 가져왔는데, 복식부기 역시 단순하다. 이전 단식부기는 가계부 적는 것처럼 수입과 지출을 시간 순으로 나열하는 방식이었다. 그런데, 거래내역을 차변과 대변으로 나누어 적겠다(分介)는 단순한 아이디어 하나가 세상을 이토록 바꿔놓은 것이다. 복식부기가 없었더라면 증기기관도 자본주의도 무용지물이 되었을 것이다. 분산(分散)해서 장부화하겠다는 단순한 아이디어가 블록체인이다. 블록체인을 삼식부기라 부르는 이유도 복식부기가 입체적으로 진화되어 '분산 자본주의'를 낳을 수 있기 때문이다.

그렇다면 블록체인은 어떻게 기존 산업을 파괴시킬까? 먼저 공유경제를 생각해 보자. 블록체인을 공유경제의 완성체라 하는데, 블록체인은 에어비앤비나 우버와 같은 공유경제 업체들의 존재의이유를 없앨 수도 있다.

예를 들어, 에어비앤비의 사업구조를 보면, 숙소상품은 분산되어있고 호스트와 게스트들이 거대한 커뮤니티를 형성하면서 가치를만들어 간다. 그런데 문제가 하나 있다. 블록체인 시스템은 중심에서 통제하는 기구가 없는 자율성이 핵심인데, 에어비앤비가 컨트롤타워의 역할을 하고 있다는 점이다. 호스트들과 게스트들을 연결해서 계약하고 결제 송금하는 데 있어 에어비앤비가 개입한다.

예를 들어 보자. 만일 당신이 에어비앤비를 통해서 숙소를 예약하려 한다? 그러면 몇 가지 절차가 필요하다. 우선 에어비앤비 웹사이트에 로그인해서 숙소정보를 찾는다. 또 적절한 숙소를 찾았다면 호스트의 신원도 확인해야 할 것이다. 혹시 사이코는 아닌지 전과는 없는 사람인지, 사이트에 나와 있는 프로필을 꼼꼼하게 따져 봐야 한다.

호스트를 확인했다면 다음에는 계약을 한다. 기간과 숙박비, 기타조건 등등. 다음엔 결제를 하는데 게스트가 계약 조건대로 숙박을 마친 후 돈이 호스트에게 지불되어야 한다. 여기에는 여러 단계 금융의 기능도 개입된다. 신용카드사나 에스크로 서비스, 그리고 보험 등이 개입되어야 하고, 해외결제는 웨스턴 유니온을 통해 이루어지며 각 거래마다 10달러가 소요될 것이고, 대형환전소도 필요하다. 시간과 수수료 등 적지 않은 거래비용도 발생하는 셈이다.

그러나 블록체인 플랫폼에서는 이런 일들이 순식간에 자동적으로 이루어진다. 100명의 마을공동체의 모습을 떠올려 보라. 시간 들여서 검색할 필요도 없이 나의 취향이나 여행목적에 적합한 숙소들이 제시되고, 호스트의 신뢰도나 선호도 등도 자동으로 검증해서 스마트계약과 결제 송금까지 일사천리로 진행될 수 있다. 모든 것을 블록체인 플랫폼이 알아서 해주기 때문이다.

그렇게 된다면 에어비앤비는 중간에 개입할 필요가 있을까? 없다. 블록체인의 원리는 P2P, 즉 중앙에서 통제하는 기관이 없이 모든 구성원들이 자료를 공유하고 가치도 교환하면서 협업하는 것이기 때문이다.

사실 에어비앤비의 고민이 여기에 있다. 블록체인 기반의 숙소공유 경쟁사가 나온다면, 또는 회사 형태가 아니라 커뮤니티나 사회적 조합이 형성된다면, 사람들은 우르르 그리로 몰려갈 수도 있다. 왜냐 하면, 환전/송금 등 결제수수료와 에어비앤비라는 중간사업자에게 주는 커미션을 대폭 절감할 수 있을 뿐 아니라 더 안전하고 빠르고 편리하기 때문이다.

자동차공유업체 우버는 어떨까? 우버 서비스를 분산형 애플리케이션에서 이용한다면 그 어떤 중앙집중식 회사도 여기에 개입해 순서를 바꾸거나 수수료를 떼어갈 수 없다. 여기에 인공지능이 붙어 무인자율주행차량까지 합세한다면 일이 커진다. 돈 탭스콧은 〈블록체인 혁명〉에서 벌어질 상황을 이렇게 설명하고 있다.

"차량 스스로 완벽한 자율형 에이전트로 탈바꿈한다는 사실이 놀라울 뿐이다. 스스로 주차요금을 지불하고, 스스로 주유와 수리비용을 결제하고, 스스로 차량보험에 가입하고, 사고에 대한 책임부담을 협상하고, 사람의 조종 없이 스스로를 운영할 수 있다. … 하지만 시나리오는 여기에서 멈추지 않는다. 도시의 인프라에 내장된 지능은 교통 또한 그에 걸맞은 방향으로 인도할 것이고, 에너지와 비용의 낭비를 절감해 줄 것이다. 블록체인은 차량과 인프라의 안전을 통제할 수 있다. … 나아가 도시에서는 센서를 활용해

인프라나 교통시설의 자산 관리를 비롯한 운송 인프라를 관리할
수 있다. 철도와 인도의 상태를 감시하고, 유지 계획과 예산을 짜
고, 필요할 때 정비인력을 파견할 수 있다.”

이 모습이 무엇을 의미하는지 쉽게 이해될 수 있을 것이다. 이 모
든 것들이 무수히 많은 앱을 서로 이은 분산형 P2P 플랫폼에서 작
동된다. 블록체인이 어떻게 IoT와 연결되고 소프트뱅크가 추진하
는 인공지능 로봇 플랫폼에 적용될지 빅 픽처가 그려지지 않는가?
손정의가 임프로버블의 미래에 주목하면서 투자한 궁극적인 노림
수가 여기에 있다.

동굴로 돌아가자

인터넷의 영향권에서 벗어난 업종이 없었듯이 블록체인 혁명에
서 자유로울 수 있는 업종도 없다. 오픈 소스인 블록체인 기반의 플
랫폼들이 계속 생겨나고 있는 중이다. 이는 마치 1990년대 인터넷
이 활성화되면서 웹 생태계를 기반으로 넷스케이프, 야후, 이베이,
아마존, 구글, 알리바바 등의 온라인기업들이 골드러시를 하던 때
를 연상시킨다. 웹이라는 새로운 기회의 땅이 발견되면서 수많은
벤처들이 몰려들었었고 20여 년이 지난 지금 이들은 세계적인 기
업으로 성장해 있다.

지금 제2의 인터넷인 블록체인이 신대륙으로 부상하고 있는 것이다. 넷스케이프가 인터넷 브라우저를 만들면서 순식간에 대박을 쳤듯이 이더리움을 만든 천재청년은 벌써 억만장자의 대열에 올랐다. 블록체인 운영체제를 만들려는 스타트업들이 계속 생겨나고 있고, 블록체인 기반의 아마존, 블록체인 기반의 구글, 블록체인 기반의 페이스북을 꿈꾸는 회사들이 늘어나고 있다. 소프트뱅크가 투자한 임프로버블도 그 중 하나다.

블록체인 기반의 회사들은 과거 재빨리 웹 기반으로 전환함으로써 3차 산업혁명의 주역이 되었었던 아마존, 구글, 알리바바, 페이스북 등의 존재의 이유를 없앨지도 모른다. 블록체인은 구글의 검색능력을 뛰어넘게 될 것이다. 구글은 텍스트만 찾아주지만 블록체인은 거래장부나 필요한 사람까지도 찾아줄 수 있다. P2P 거래에서는 아마존이나 알리바바라는 거래중개자가 필요 없어진다. 인터넷의 아버지라 불리는 팀 버너스 리는 페이스북과 같은 SNS 업체들이 인터넷이라는 오픈 플랫폼에 자신들의 영역을 구획 짓고 있는 것을 못마땅하게 생각한다. 인터넷은 그 자체로 오픈 플랫폼인데 거기다 울타리를 치고 돈벌이를 하고 있기 때문이다. 자연공원을 만들어 오히려 자연을 훼손한다는 논리다.

이처럼 거대 플랫폼기업들에게도 블록체인은 위협요인이다. 웹 생태계 자체가 오픈 플랫폼이기 때문이다. 금융업은 이미 사정권

안에 들어와 있고, 블록체인과 3D 프린팅이 손을 잡는다면 제조업도 존재의 이유를 잃어버릴 수 있다. 서비스업은? 제일 쉽다. 산업혁명의 산물인 기업이라는 조직 자체를 분해시켜 버릴 수도 있는 문제다.

하이퍼텍스트가 그랬듯이 분산되고 권력까지 이양 받은 블록체인은 고삐 풀린 야생마처럼 여기저기 뛰어다니며 산업계뿐 아니라 19세기 민족주의 이념을 토대로 경계 지어졌던 국가(nation)라는 시스템까지 쑥대밭으로 만들어 놓을 것이다. 정치와 정부도 존재의 이유가 없어지면서 정부 주도의 대량교육시스템인 학교도 붕괴된다. 학교는 패러다임의 이동 속도를 쫓아가지 못한지 이미 오래 되었다.

이것이 블록체인이 완성시킬 4차 산업혁명의 미래 모습이다. 그러나 파괴의 시나리오만 있는 것은 아니라 즐거운 일도 있다. 블록체인은 우리 사회가 안고 있는 골치 아픈 문제들의 해결사가 될 수 있다. 정부는 실업률과 출산율 문제를 해결하기 위해 엄청난 세금을 쏟아 붓지만 그건 언 발에 오줌 누기다. 블록체인은 집단지성을 통해 이 문제를 해결할 수 있다.

또 개인들의 삶과 라이프스타일에도 영향을 끼친다. 직업의 개념을 바꿔놓을 것이고, 개인들을 모두 사업가로 만들 수 있다. 앞으로 사람들은 직장에 나가 노동하지 않고 노마드처럼 돌아다니면서 데이터를 생성하고 정보를 제공하는 대가로 기초소득을 인정받을 수도 있다. 또 자기가 좋아하는 일을 즐기면서 돈을 벌 수 있는 인프라스트럭처를 블록체인이 만들어 줄 것이다. 덕후들에게는 희소식 아닌가? 그럼 생산은 누가 하나? 노동노예들이 한다. 블록체인은 민주주의 개혁이자 인간성의 르네상스 운동이다. 다시 말해, 옛날옛적에 서로를 잘 알아 신뢰하며 오순도순 행복하게 살던, 그리고 모든 것을 공유하며 제도나 계급장도 없던 동굴로 돌아가자는 유토피아 사상이다.

지능을 가진 거인 블록체인은 우리가 상상하는 이상으로 세상을 바꿔놓을 것이다. 오픈 소스인 블록체인은 빠른 속도로 진화해 갈 것이고, 여기에 인공지능이 가세한다면 걷잡을 수 없는 융합에너지가 발생한다. 4차 산업혁명을 집단지능과 인공지능의 융합이라 정의하는 것이 이런 맥락이다. 이 둘이 충돌하고 융합될 때 빅뱅이 일어나고, 비즈니스 생태계뿐 아니라 문명을 이동시키면서 인류의 인생관, 세계관, 가치관이 통째로 변하고, 당연한 귀결로 다른 양식의 삶을 살아갈 것이다. 블록체인이 4차 산업혁명을 완수한다.

손정의는 트렌드를 읽는 감각이 뛰어난 사람이다. 임프로버블에 투자한 이유도 블록체인 기술을 활용해서 무수히 많은 앱을 서로 이은 분산형 P2P 플랫폼을 만들고 IoT와 접목시켜 소프트뱅크가 추진하는 인공지능 로봇 플랫폼의 빅 픽처를 그려가겠다는 구상을 하고 있는 것이다.

우리는 어떤 준비를 해야 할까? 인터넷이 확산될 당시 기업들은 웹에 적합성을 가질 수 있도록 사업모델과 구조를 개선해 왔었다. 1990년대에는 홈페이지를 구축하고 오프라인상의 거래를 온라인으로 이동시켰고, 21세기 들어 블로그, SNS, 그리고 모바일시대가 열리면서 마케팅 방식도 업그레이드해 왔었다.

그러나 이젠 그 정도만으로는 충분치 않다. 이제 모든 회사가 해야 할 과제는 기업의 문을 열어 고객들을 참여시키고 정보를 공개하여 공동으로 경험 가치를 창출해 가는 사업방식으로 전환하는 일이다. 중앙집중식, 통합형 경영과 마케팅방식으로는 절대 4차 산업혁명의 파고를 견뎌낼 수 없다. 웹 기반을 블록체인 기반으로 전환하고, 상품을 파는 것이 아니라 융합솔루션을 제공하는 사업모델로 전환해야 한다. 블록체인 쓰나미는 세상을 쓸어버리고 100명의 마을공동체로 돌려놓을지도 모를 일이다.

8

기업가정신이
30년 후를 결정한다

"컴퓨터가 인간의 지능을 넘어서는,
즉 컴퓨터에 의한 초지성(super intelligence)의 탄생을 의미하는
싱귤래리티가 아무리 늦어도 30년 후면
반드시 일상에 현실화될 걸로 확신한다. "

손정의의 기업가정신

30년 후, 조 단위 회사가 되겠다

손정의는 재일교포 3세다. 일제강점기 때인 1920년대 할아버지
가 대구에 살다가 일자리를 찾아 일본으로 건너갔다. 당시 식민지
사람이 일본에 가서 할 수 있는 일이 뭐 있었겠는가? 탄광노동자로
일하면서 어렵게 어렵게 살아갔다. 손정의는 1957년 태어나는데,
가난에 찌들고 배울 수도 없었던 아버지는 무허가 판자촌에 살면서
돼지를 길러 생계를 유지해야 했다. 어린 손정의는 할머니의 손수
레를 타고 음식 찌꺼기를 모으기 위해 역전 주변의 식당들을 돌며
자랐는데, 일본인 친구들에게 돼지 냄새 나는 조센징이라는 놀림도
많이 당했다.

생선 가게를 하면서 돈을 벌게 된 아버지는 아들의 천재성을 살

리려면 공부를 제대로 시켜야겠다고 마음먹고 후쿠오카로 이사해서 지역 명문 고등학교에 입학시켰다. 손정의는 고등학교 1학년 여름방학 때 버클리대학으로 연수를 다녀온 적이 있는데, 차별 없는 미국 분위기에 매력을 느끼게 되었다. 1974년 손정의는 학교를 중퇴하고 미국 유학을 떠났다.

세라몬테 하이스쿨에 2학년으로 편입했는데, 4년제인 이 학교를 편입한 지 3주 만에 졸업했다. 3년이 아니라 3주다. 그 이야기가 손정의의 대단함을 말해 주는데, 2학년 교과서를 보니 너무 쉽더란다. 교장선생님을 찾아가서 3학년으로 올려달라고 했다. 그랬더니 그렇게 해주었다는 것이다. 하루만에 3학년이 되었는데, 며칠 지나보니 3학년 교과 내용도 다 알겠더란다. 또 교장선생님을 찾아가서 4학년으로 진급시켜 달라고 말했는데, 교장선생님이 또 그렇게 하라고 허락했다. 졸지에 졸업반이 되었는데, 이번에는 대학으로 갈 테니 졸업시켜 달라고 했단다. 교장선생님도 그건 곤란했을 것이다. 손정의는 검정고시를 보고 고등학교 과정을 마쳤다. 고등학교 편입부터 검정고시 합격까지, 3주 만에 일어난 일이었다. 어느 정도 과장된 부분도 있을 것 같은데, 어쨌든 손정의라는 인물을 짐작하게 하는 에피소드다.

검정고시 시험 볼 때의 일화도 재미있다. 시험지를 받아들었는데 깜깜하더란다. 영어 때문이다. 손을 들고 시험관에게 말했다.

"전 일본에서 와서 아직 영어가 서툽니다. 이 시험은 영어가 아닌 학업 수준을 테스트하려는 것 아닙니까? 사전을 쓸 수 있게 해주세요. 그게 공정합니다."

감독관이 황당해 할 수밖에 없었을 것이다. 거절했지만 끈질기게 요구하자 감독관이 교육청 허가를 받아주었다. 하지만 시간도 부족했다. 이번에는 사전을 찾으려면 다른 학생보다 시간이 두 배가 필요하니 종료시간을 늦춰달라고 요청했다. 기가 찼겠지만 감독관이 졌다. 결국 검정고시에 합격했다. 그러나 대학입학자격시험(SAT)이란 게 있다는 걸 몰랐던 손정의는 홀리네임스 칼리지를 다니다가 1977년 버클리 대학 경제학부에 편입한다.

대학 시절 손정의는 컴퓨터에 관심이 많았다. 〈포퓰러 일렉트로닉스〉 잡지에서 인텔 8080 마이크로 프로세서 사진을 본 것이 컴퓨터가 세상의 중심이 될 거라고 확신한 계기가 되었고, 대학 시절 컴퓨터에 미쳐 살았다.

버클리를 졸업하고 1981년 일본 후쿠오카로 돌아온 손정의는 허름한 건물 2층에서 직원 2명과 함께 소프트뱅크를 창업했다. 컴퓨터 소프트웨어를 유통하는 사업을 시작했는데, 당시 사람들은 손정의를 과대망상증을 가진 정신병자로 생각했다고 한다. 사무실에서 갑자기 귤 상자 위에 올라가서 "30년 뒤에는 조 단위의 매출을 이룰 것"이라고 큰소리를 지르며 꿈같은 내용의 연설을 하는 것을 보면서 직원들도 고개를 절레절레 흔들고 회사를 그만 둘 정도였다.

그런데, 1983년 봄 건강검진에서 만성 간염 시한부 판정을 받는다. 의사는 "길게 잡아도 5년이다. 그 이상은 생존을 장담할 수 없다"고 할 정도로 상태가 위중했다. 그러나 손정의는 극적으로 회복되었고, 30년 뒤에는 조 단위의 매출을 이루는 회사가 될 것이라는 망상 같은 이야기가 현실이 되었다.

료마가 간다

20대의 손정의가 간염에 걸려 병상에 있을 때 읽었던 책이 사업에 큰 영향을 주었던 것 같다. 〈료마가 간다〉라는 장편역사소설이었는데, 시바 료타로(司馬 遼太郎)라는 일본 소설가가 1962년부터 산케이 신문에 4년 간 연재했던 책이다.

이 소설의 주인공인 사카모토 료마는 1836년 태어나 메이지유신이 일어난 1867년에 암살된 실존인물이지만, 〈료마가 간다〉가 출판되기 전까지는 사람들에게 전혀 알려지지 않았었다. 유명 정치인이나 사무라이도 아니었고 어찌 보면 한갓 낭인에 불과했기 때문인데, 그러나 뒤에서 메이지유신을 성사시키며 일본 근대화의 숨어있는 공신이라는 점이 소설을 통해 알려지면서 지금은 일본 전국시대 다이묘였던 오다 노부나가(織田 信長)와 함께 일본인들 사이에 가장 인기 있는 인물 1, 2위에 랭크되어 있다.

료마는 토사라는 지방의 부유한 상인의 늦둥이 막내로 태어났는데, 12살까지도 이불에 오줌을 쌌다고 하고 왜소한 체격에 인물도별 볼 일 없었던, 그래서 부모나 형제들도 별로 기대하지 않았던 아이였다. 특별한 일 없이 여기저기 떠돌면서 에도에 가서 검도도 배우고 한학이나 포술도 공부하게 된다. 그러다 1853년 미국 페리 선장이 이끈 4척의 군함이 일본의 개항을 요구하며 입항하는 사건을 목격한 것이 그의 인생의 전환점이 되었다.

일본의 에도 막부 시절은 쇄국정책을 펼쳤다. 1603년 토요토미 히데요시(豊臣秀吉)에 의해 시작된 에도 막부는 중앙통제적이었고 외국에 대해서도 배척적이었다. 당시 조선과 비슷했다. 외국과의 무역은 나가사키에서만 가능했는데, 그것도 네덜란드인들에게만 교역을 허가할 정도로 닫혀 있던 상황이었다.

1853년 흑선내항(黑船來航) 사건은 우물 안 개구리였던 당시 일본인들에게 실망스럽고 충격적인 일이었고 에도 막부에 반기를 드는 사람들이 많아질 수밖에 없었을 것이다. 료마도 그 중 하나였다. 료마는 좀 특이한 사람이다. 뭔가 어리숙해 보이고 부족해 보이는, 그러나 매우 낙천적인 기질을 가진 사람이었는데, 정통학문을 닦은 개혁파의 선구자도 아니었고, 무술 고단자이면서도 칼로 모든 것을 해결하려는 당시 우국지사들과는 달리 해군의 중요성과 무역에 관심을 가지면서 세계관이 넓었던 막부인물인 가쓰 가이슈를 스승으

226

로 모시고 쫓아다닌다.

그런 료마가 메이지유신에 결정적인 공을 세운다. 메이지유신이란 에도막부가 위양 받았던 권력을 일본천황에게 다시 반납한 사건인데, 폐쇄적이었던 에도 막부 시대가 막을 내리면서 일본의 근대화가 본격적으로 시작된 것이다. 료마는 당시 반막부 개혁파였던 조슈 번과 사쓰마 번 간의 다툼을 중재하고 자신의 고향인 토사 번까지 개혁파에 합류시킴으로써 메이지 유신을 마무리한다.

역사의 전면에 나서지 않고 막후에서 혁명을 중재하다 보니 그에 관한 기록이 남아 있지 않았고 시바 료타로가 끄집어내서 〈료마가 간다〉를 쓰기 전에는 일본인들이 알지 못했던 것이다. 료마는 메이지유신을 보지 못하고 직전에 암살자에 의해 살해당하는데, 그때 나이가 33살이었다.

〈 사카모토 료마 동상 〉

청년 손정의가 병상에서 청년 료마의 이야기를 읽으면서 감염을 극복할 힘도 얻고 큰 감명을 받았다고 한다. "내가 병원에 누워 있을 수만은 없다. 나도 일어나 료마처럼 사업을 통해 혁신적인 일을 해야겠다." 이런 결심을 했던 것 같다.

손정의의 일생의 키워드는 '정보혁명'이었다. 소프트뱅크를 지속적으로 혁신해 가면서 성장시켰던 것이나 100조 원의 비전펀드를 모아서 혁명을 일으키는 전 세계기업들에게 투자하는 것도 료마처럼 세상을 바꾸는 디딤돌 역할을 하겠다는 생각을 갖고 있었기 때문이다. 정보혁명을 통해서. 그 생각이 그가 가장 고통스럽고 절망스러웠을 시간에 마음에 뿌리내려졌던 것이다.

손정의가 간다

세상이 급박하게 돌아가는 상황에서 우리는 닫혀 있다는 생각을 지울 수 없다. 마치 19세기 조선의 쇄국상황을 연상시킨다. 바깥세상에서는 증기기관이 연기를 뿜어내고 공장들이 들어서고 대포와 총 등 신무기들이 하늘을 날아다니고 있던 와중에 조선은 열심히 농사짓고 있었다.

당시 조선사회는 그런 변화를 전혀 모르고 있었을까? 아니다. 18세기부터 실학파들이 개혁을 주창했고, 19세기에는 이미 외국 유학생들이나 해외 교역하던 사람들도 많이 있었다. 그들은 바깥세상

228

에서 벌어지는 변화를 얘기했을 것이고, 혁신해야 한다고 주장했다. 문제는 사회적 합의를 이루어 내지 못했던 것이다.

우리가 과거 50~60년 간의 경제성장에 취해서 안주하고 있는 건 아닐까? 또 기적을 만들어 냈던 산업화시대 사물의 경제논리를 불변의 법칙인 양 아직도 신봉하고 있는 것은 아닐까? 세계의 비즈니스 리더들은 한국의 경쟁력 약화에 우려 섞인 충고를 한다. 이구동성으로 하는 이야기의 요지는 산업 생태계가 플랫폼 차원으로 바뀌고 있는데도 한국기업들은 닫혀 있고, 한국의 경영자들은 산업시대 관념에 갇혀 있다는 것이다.

4차 산업혁명이라는 용어가 가장 많이 유행되는 나라가 한국인데도 4차 산업혁명에 가장 뒤떨어져 있다는 사실은 무엇을 시사하는가? 빅데이터, 클라우드, 인공지능, 플랫폼 등의 기술적인 측면만 생각하지 그 본질이 무엇이고 어떻게 적용해야 할지에 대한 철학적인 숙고가 부족하기 때문은 아닐까?

그러다 보니 우리나라에는 아직 플랫폼기업의 기미가 보이지 않는다. 19세기가 식민지제국주의 시대였다면 21세기는 플랫폼제국주의 시대다. 지금 상황이 계속 된다면 외국기업들이 만들어 놓은 플랫폼에 종속될 수밖에 없다. 개인들뿐 아니라 기업들도 ―어쩌면 정부까지도― 구글, 애플, 페이스북, 아마존, 마이크로소프트, 알리바바, 텐센트, 그리고 소프트뱅크 등의 거대플랫폼 중에서 선택하고 들어가야 할 것이라는 얘기다. 이것은 무서운 일이다. 19세기 사람들은 국가의 주권을 빼앗긴다는 것이 무엇인지, 또 얼마나 비참한 결과를 맞이하는 것인지 몰랐다. 왜냐 하면, 그때는 왕조시대였지 지금과 같은 국가라는 개념이 없었기 때문이다. 플랫폼에 종속된다는 것은 경제적 노동노예가 된다는 것과 동의어다. 쓰라렸던 우리의 역사가 되풀이되어서는 안 된다.

동일하게 쇄국정책을 폈었던 조선과 일본의 운명이 갈린 것은 혁신을 했느냐 못 했느냐에 있었다. 지금 일본은 혁명에 나서고 있는 것이다. 19세기에 료마가 있었다면 21세기에는 손정의가 있는 것이다. 이번 책의 제목은 〈손정의가 간다〉라고 할 수도 있겠다.

우리가 배워야 할 본질은 손정의의 기업가정신이다. 세상의 트렌드를 읽는 통찰력, 그러나 그것에 그치지 않고 실행으로 옮기는 추진력, 그리고 가장 중요한 것은 '정보혁명을 통해 세상 사람들에게 공헌하겠다' 는 사회적 철학이다. 장사꾼은 돈을 쫓지만 사업가는 사회를 생각한다. 단지 돈 벌고 자리 쫓아다니는 것이 아니라 자신의 비전을 추구하는 치열한 열정과 진정성이 4차 산업혁명 시대를 맞아 우리가 회복해야 할 기업가정신이다.

싱귤래리티가 온다

빠른 추종자에서 최초 시도자로

위키피디아는 '기술적 특이점(technological singularity, TS)'을 이렇게 기술하고 있다.

"인공지능(AI)의 발전이 가속화되어 모든 인류의 지성을 합친 것보다 더 뛰어난 초인공지능이 출현하는 시점을 말한다. 즉, 특이점이란 미래학에서 문명의 미래 발전에 가상 지점을 뜻하는 용어로서, 미래에 기술 변화의 속도가 급속히 변함으로써 그 영향이 넓어져 인간의 생활이 되돌릴 수 없도록 변화되는 기점을 뜻한다."

2017년 손정의는 싱귤래리티를 30년 후라 예측했다. 2047년이 되면 되돌아갈 수 없는 루비콘 강을 건너 가 있을 거라는 얘기다. 그때쯤이면 지구는 다른 모습을 하고 있게 되고, 유발 하라리의 예측처럼 호모 사피엔스는 호모 데우스가 되어 있을지도 모를 일이다.

그의 예측대로 30년이 될지 아니면 3년이 될지는 누구도 모를 일이다. 문제는 우리가 통제할 수 있는 차원을 넘어가 버렸고, 진앙지에서 시작되었던 작은 파장이 거대한 쓰나미로 증폭되어 빠른 속도로 몰려오고 있다는 사실이다.

그동안 한국경제가 성장할 수 있었던 것은 '빠른 추종자(fast follower)' 전략 때문이었다. 집을 팔아서라도 자식만은 공부 시켜야겠다는 강한 교육열 덕분에 한국의 대학진학률이나 박사학위 소지자 비율은 어느 나라보다 높아졌고, 학교는 산업사회가 요구하는 일꾼을 배출하는 역할을 잘 감당했었다. 문맹률은 낮아지고 교육수준은 높아진 한국인들은 새로 나오는 변화의 문물들에 금방 익숙해질 수 있었다.

1970~80년대에는 외국 전자/자동차회사에 연수 가서 배워온 것을 빠르게 적용했고, 1990년대 인터넷이 확산되자 IT강국이라는 호칭도 얻게 되었다. 21세기 웹2.0 환경에도 뛰어난 적응력을 보였다. 2000년도 시작된 싸이월드나 아이러브스쿨은 계속 혁신을 이

어가지 못했을 뿐이지 SNS의 효시라 할 수 있다. 또 2007년 아이폰이 연 스마트폰 시장의 최대수혜자는 한국회사들이었다 해도 틀린 말은 아닐 것이다.

이렇게 빠른 추종자 전략은 주효했다. 남들이 만들어 놓은 것을 가져다가 빠른 속도로 카피캣을 만드는 것은 잘못되거나 옹졸한 전략이 아니다. 생각해 보라. 지금의 애플이 있게 만들어 준 아이팟이나 아이폰도 카피캣이었다. 아이팟이 나오기 전 mp3 플레이어의 마켓리더는 한국의 아이리버였다. 스마트폰 역시 애플의 발명품이 아니다. 아이폰 이전부터 이미 수많은 스마트폰들이 시판되고 있었다. 스티브 잡스도 "인류가 지금까지 만들어 놓은 것들 중에서 최고의 것을 발견해 내고, 그것을 자신이 하고 있는 일에 접목시킬 줄 아는 지혜가 필요하다. 우리는 훌륭한 아이디어를 훔치는 일에 더욱 과감해져야 한다."라는 말을 공공연하게 했다.

빠른 추종자 전략에 있어 한국은 단연 세계 최고다. 한국의 기술력은 결코 뒤떨어지지 않고 '메이드인코리아' 가 최고품질의 상징이 된 것도 이런 맥락이다. 그런데, 문제는 눈에 보이는 것은 따라할 수 있는데 눈에 보이지 않는 것은 따라갈 수 없다는 것이다. 기술이나 제품, 생산은 머리 좋고 눈썰미만 있으면 빠른 속도로 모방하고 추격할 수 있다. 그러나 철학이나 정신, 문화 등은 그렇지 못하다.

4차 산업혁명이라는 쓰나미는 빠른 추종자 전략으로는 감당할 수 없다. 물살이 약할 때는 열심히 뛰면 따라갈 수 있었지만 급물살로 변하고 쓰나미가 덮치면 시야에서 놓쳐버리게 된다. 이젠 '최초 시도자(first mover)'가 되거나 최소한 동반자는 되어야 한다. 우리에게 부족한 것은 철학이다.

4차 산업혁명 기술로 언급되는 IoT, 빅데이터, 클라우드, 인공지능, 로봇, 공유경제, 블록체인 등은 도구이지 본질이 아니다. 인문이 융합되지 않은 기술은 어떠한 변화도 일으킬 수 없고, 표피적으로 드러나는 현상만 이해하는 데 그칠 뿐이다. 심층에 흐르는 근본 원리를 알아야 미래를 예측해서 '퍼스트 무버'가 될 수 있고, 기술의 함의를 통찰해야 사회적 합의도 도출해 낼 수 있는 것이다.

스티브 잡스는 피카소의 "유능한 예술가는 모방하고 위대한 예술가는 훔친다"라는 경구를 좋아했다고 한다. 모방과 절도는 다르다. 모방은 남의 것이고, 훔치면 내 것이 된다. 엔지니어 출신도 아닌 스티브 잡스는 남들이 만들어 놓은 스마트폰을 훔쳐다가 거기에 인문(人文)을 융합함으로써 자신의 스타일로 바꾸는 데 성공했다. 그것이 아이폰이 아무리 두드려도 열리지 않던 스마트폰 시장을 터트릴 수 있었던 한칼이었다.

큰 도둑 정신

〈장자 거협(胠篋)〉 편에 이런 문구가 나온다.

"상자를 열고, 주머니를 뒤지고, 궤를 여는 도둑을 막기 위하여 사람들은 끈으로 단단히 묶고 자물쇠를 채운다. 그러나 '큰 도적'은 궤를 훔칠 때 통째로 둘러매고 가거나 주머니째 들고 가면서 끈이나 자물쇠가 튼튼하지 않을까 걱정한다."

끈으로 단단히 묶고 자물쇠를 채우는 것은 기술의 보안을 유지하고 상품을 품질 좋게 만드는 '빠른 추종자'들의 사물의 경제논리다. 그러나 큰 도둑의 생각은 다르다. 남들이 잘 만들어 놓은 물건을 가져다가 새로운 연결과 융합을 통해 더 큰 돈을 버는 것이다. 그것이 정보의 경제논리이고 '퍼스트 무버'의 특징이다. 이것을 몸으로 보여준 사람이 21세기 창의성의 아이콘으로 불리는 스티브 잡스였고, 남들이 만들어 놓은 콘텐츠와 데이터를 활용해서 돈 버는 구글이나 페이스북, 남들 소유의 자동차나 집으로 큰돈을 버는 공유경제모델 역시 큰 도둑들이다.

이런 점에서 손정의도 큰 도둑이다. 100조 원 펀드를 조성해서 남들이 잘 개발해 놓은 기술들을 가져다가 연결과 융합을 통해 거대플랫폼을 만들겠다는 구상을 펼치고 있는 것이다. 4차 산업혁명

시대의 기업가는 큰 도둑 정신을 가져야 한다.

큰 도둑이 되려면 첫째, 눈(vision)이 좋아야 한다. 즉, 좁은 시야가 아니라 글로벌 마인드가 필요하다. 직원 수가 많다고 대기업이 아니고 수출을 많이 하고 해외지사가 있다고 해서 글로벌기업이 아니다. 진정한 글로벌기업은 글로벌 철학과 문화를 지니고 있는 회사다. 외국과 거래를 하고 있지 않다 하더라도, 지방에 있는 직원 몇 명 되지 않는 작은 회사라 하더라도 글로벌 시야와 철학과 문화감각, 그리고 글로벌 트렌드를 이해하고 있다면 그 회사가 글로벌기업이다. 또 생각이 국경 내에, 또 국수주의적인 수준에 머물러 있어서는 안 된다. 우리는 이 책에서 손정의라고 불렀지만 사실 그의 이름은 손정의가 아니라 손 마사요시(孫 正義)라는 점을 인정해야 한다.

우리는 다른 생각을 하고 있고 다른 꿈을 꾸고 있는 많은 사람들도 만나봤다. 그들은 매출을 얼마 올려서 판매수량 곱하기 마진 계산을 하는 것이 아니라 참여자 수 곱하기 트래픽의 량, 즉 네트워크 효과를 계산하는 플랫폼적 경제논리를 가지고 있다. 또 그들은 데이터의 가치를 알아보고 빅데이터를 모으고 분석하는 일에 투자한다. 시야가 시장과 산업 내에 고정되어 있지 않고 구름 위를 날아다니고 우주를 꿈꾼다. 자신들이 중앙에서 모든 것을 통제하겠다는 생각을 하지 않고 일반개인들에게 통제권을 넘겨주고 그들이 기업의 브랜드를 규정하고 또 경제적 이익을 얻을 수 있도록 권력을 이양시킨다. 이들은 큰 도둑 정신을 가지고 있다.

둘째, 큰 도둑은 손이 빨라야 한다. 손이 빨라지려면 많은 실패와 실험을 해봐야 한다. 무술의 고수들이 쉽게 경지에 오르는 것이 아니다. 기나긴 수련을 거치고 실패와 고통의 시간을 견딘다. 팔이 세 번 부러지는 삼절굉(三折肱)의 고통을 겪은 후에야 마윈은 1999년 18명의 도적떼를 데리고 알리바바를 창업하는 데 성공했다. 손정의 역시 좋은 면과 성공만 부각되어서 그렇지 아찔한 위기와 실패를 수도 없이 넘겨야 했다. 그러면서도 끊임없이 새로운 도전을 멈추지 않는 것이 큰 도둑의 조건이다.

셋째, 큰 도둑은 발도 빠르다. 기술 트렌드, 외국 기업들의 사례들을 끊임없이 모니터링하는 것은 반드시 필요한 일이다. 그러나 철학적인 숙고와 통찰을 통해 나의 것으로 승화시켜야 '퍼스트 무버(first mover)'가 될 수 있다. 남이 만든 프레임으로 세상을 보는 것이 아니라 내 눈으로 보고 움직여야 한다는 얘기다.

손정의가 그리고 있는 4차 산업혁명의 빅 픽처는 인공지능 로봇인 페퍼를 IoT의 허브로 삼아 집과 자동차와 도시 전체를 연결하는 거대한 플랫폼을 설계하는 것이다. 그러나 그 그림은 손정의의 비전과 소프트뱅크 사업 DNA를 기초로 한 것이지 모든 회사에 적용될 수 있는 것은 아니다. 당신 나름의 빅 픽처를 그려봐야 한다. 나의 DNA에 맞는 4차 산업혁명의 요소들은 무엇일까, 그것을 어떻게 그림에 녹여 넣을 수 있을까에 대한 진지한 성찰 없이는 '퍼스트 무버'가 될 수 없다. '퍼스트 무버'란 먼저 미래를 살고, 부족한 것을 만드는 사람이다.

창의적인 발상이 필요한 시대다. 창의성이란 없던 것을 만들어 내는 능력이 아니라 원래 그 자리에 있었으나 알지 못했던 것을 발견하는 것이다. 다른 말로 하면, 일상의 재발견이다. 하버드대는 연구 프로젝트 보고서에서 혁신가들의 특징을 '자유로운 상상을 통해 외형상 서로 관련이 없어 보이는 사물을 연관(associating) 짓는 능력'이라 규정했다. 창의성이란 무(無)에서 유(有)를 만들어 내는 능력이 아니라 이미 존재하고 있었으나 전혀 관련 없어 보이는 사물들을 연관 짓고, 엉뚱한 조합을 만들어 내는 정보화 능력을 의미한다. 연결에서 가치가 나온다는 사실을 잊지 말아야 한다. 주변의 작은 것부터 다른 눈으로 보려는 노력이 필요하다.

손정의는 싱귤래리티를 30년 후라 예측했지만, 시간이란 인간의 이성이 만들어 낸 숫자일 뿐이다. 4차 산업혁명은 이미 시작되었고, 임계점에 다다르면 터진다. 움직이지 않고 제자리에 머물러 있다가는 재앙을 맞을 수 있다는 경각심을 늦추지 말아야 한다.

플랫폼에서의 기업가정신

시장이 사라지고 플랫폼으로 변한다

기술적 특이점(singularity)에 다다르면 비즈니스 생태계는 어떤 모습으로 변해 있을까? 변화 트렌드의 심층원리를 알면 그것을 상상하는 것은 어려운 일이 아니다. 미래는 이미 와 있다. "우리가 알던 세상의 종말(The end of the world, as we know it)"도 현재완료형이다.

첫째, 시장이 없어진다. 시장의 역사는 얼마 되지 않는다. 앨빈 토플러는 〈부의 미래〉에서 시장의 탄생에 대해 이렇게 적고 있다.

"불과 몇 세기 전까지도 우리 조상들의 절대 다수는 시장이란 개념이 없는 세상에서 살았다. 물론 초보적인 개념의 상업 활동이 이루어지긴 했지만 평생 어떤 물건을 사거나 팔지 않고 살아간 사람들이 대부분이었다."

시장은 산업혁명이 일어나면서 발달한 경제의 작동기제다. 아담 스미스의 〈국부론〉 이후 시장경제학은 모든 비즈니스의 원리였고 사업의 터전이었다. 그런데 산업문명이 저물면서 시장도 사라진 다. 플랫폼으로 변하는 것이다. 기존의 시장구조가 지각변동을 일으키며 대혼란이 일어나고 있다. 개인들이 네트워크로 연결되어 있는 개인화된 시장(individualized market)으로 변하면서 소비자 개개인이 곧 시장이 되어가고 있으며, 산업과 업종 간의 경계도 없어지며 이합집산을 계속하는 융합 현상이 일어나고 생산-유통-소비의 구도가 와해되고 있다. 또 누가 생산자이고, 누가 유통이고, 누가 소비자인지 분간하기 어렵게 되어가고 있다.

이젠 플랫폼적 사고를 해야 한다. 산업시대 기업들이 돈을 벌려면 시장으로 들어가야 했지만 앞으로는 플랫폼으로 나가지 않고서는 돈을 벌 수 없는 시대로 변하고 있다. 그러려면 플랫폼의 생리를 이해해야 한다. 플랫폼은 시장과 다르다. 흔히 마케팅을 전쟁에 비유하는데, 시장에서의 전쟁을 지상전이라 한다면 플랫폼전쟁은 공중전이라 할 수도 있겠다. 전쟁터가 있던 시절 전략을 짜려면 지형지물을 파악하고 적군의 동태를 살펴야 했고, 육박전도 불가피했다. 그러나 지금은 전쟁의 터전이 없어졌다. 산업의 업종 간 경계도

240

허물어졌고 가치사슬도 붕괴되면서 시장도 사라져가고 있다. 전쟁의 양상이 달라진 것이다.

디지털 트랜스포메이션이 필요하고, IoT, 빅데이터, 클라우드, 인공지능, 로봇 등의 기술을 활용한 전략을 짜야 하고 상품과 업무에도 적용해야 한다. 인공위성이 날아다니는 시대에 돌도끼 들고 싸울 수는 없지 않겠는가? 전공에 상관없이 디지털과 IT에 대해 끊임없이 학습하고 트렌드를 놓치지 않아야 한다. 이제 디지털을 모르고는 경영이나 마케팅이 불가능한 상황으로 변했다. IT를 '0차 산업'이라 하는 이유도 여기에 있다. 안테나를 높이 세우고 변화를 추적해야 한다.

상품에 지능을 입히고 분산시키라

둘째, 상품도 플랫폼 적합성을 갖도록 진화시켜야 한다. 상품은 계속 진화해 왔다. 산업시대에는 시장적합성을 갖출 수 있도록 진화했었다. 그러나 시장이 플랫폼으로 변하는 상황에서는 플랫폼의 생리에 맞춰야 한다. 또 블록체인은 웹 생태계를 2.0을 넘어 3.0시대로 진화시키고 있는데, 평면적인 플랫폼이 3차원으로 입체화되고 있는 것이다. 빅데이터를 구름 위에 올려놓는 클라우드, 시공간의 경계를 뛰어넘는 가상현실과 증강현실 등의 발전, 인간들의 연결을 넘어 사물끼리 정보를 주고받는 IoT, 인공지능, 3D 프린터 등은 비즈니스 생태계가 3차원으로 변하고 있음을 시사하고 있다. 지금까지 조성된 인터넷, 모바일, SNS 등의 인프라에 지능형 소프트웨어들이 얹어지고 있는 것이다.

4차 산업혁명 시대, 상품이 환경적합성을 갖추려면 한편으로는 지능화되고 또 한편으로는 분산화되어야 한다. 상품에 지능이 부여되면 죽었던 상품도 생명이 살아나고 다시 날아오를 수 있다. IoT, 인공지능, 블록체인 등은 상품에 지능을 불어넣을 수 있는 기술도구들이다. 상품을 지능화하려면 상품에 디지털의 옷을 입히고 소셜 날개를 달고 게임 엔진을 장착하는 작업을 해야 한다. 그것이 3장에서 언급했던 디지털화(digitalization), 소셜화(socialization), 게임화(gamification)의 세 가지 원리다.

다시 강조하건데, 연결에서 가치가 만들어지고 연결되어 있어야 상품이 플랫폼 적합성을 가질 수 있다. 연결되지 않고 닫혀 있어서는 갈라파고스처럼 외떨어진다. 연결되어야 상품에 지능이 부여되고 죽었던 것이 살아난다. 그러면 상품들이 가치 있는 데이터도 만들어 낸다. 데이터를 정보로 전환하면 상품을 팔아 얻는 마진보다 훨씬 큰돈을 벌 수 있는 것이 지식기반사업의 법칙이다. 그리고 4차 산업혁명에서 언급되는 IoT, 빅데이터, 인공지능, 가상현실, 3D 프린팅 등의 기술을 상품과 업무에 접목하는 시도를 쉬지 말아야 한다.

또 하나의 축은 상품의 분산화 전략이다. 지금까지는 생산자가 완제품을 만들어 시장에서 판매하는 방식이었지만 소비자와의 협업방식으로 생산할 수 있다. 미국 로컬 모터스(Local Motors)가 좋은 사례다. 크라우드 소싱 플랫폼인 로컬 모터스는 자동차를 소비자들과 함께 만든다. 디자인부터 엔지니어링, 부품 선정, 그리고 조립과정까지 소비자가 참여한다. 스마트폰도 부품을 모듈화하여 소비자들이 조립하는 방식이 시도되고 있다. 구글의 아라(Ara) 프로젝트가 그런 방식인데, 레고 블록 끼듯이 자신이 원하는 스펙대로 조립한다.

이런 사례들은 기업이 모든 것을 만들던 방식이 아니다. 기업은 모듈과 매뉴얼만 제공하고 완성은 소비자가 하는 것이다. 이케아의 DIY도 그런 원리다. 3D 프린팅이 진화하면 이런 추세는 걷잡을 수 없이 보편화될 것이다. 많은 의류회사들은 일반인들이 3D 프린터를 통해 자신만의 옷을 완성하는 방식을 시도하고 있다. 앞으로는 생산자의 브랜드가 의미 없어질 수 있다. 아예 브랜드가 없거나 소비자 개인의 아이디나 로고가 새겨진 상품들이 쏟아질 것이다. 블록체인의 원리도 분산과 권력이동이다. 상품도 모듈화를 통해 분산시켜야 하고 생산도 소비자 손에 넘겨줘야 한다.

우리는 원래 기업가였다

마지막으로, 플랫폼에서는 소비자의 역할모델이 완전히 바뀐다. 산업시대 소비자란 단지 판매의 대상이었다. 생산자인 기업들은 무대 위에서 "우리 제품 이렇게 좋아요."라며 브랜드 이미지를 연출하는 배우였고, 소비자들은 무대 아래서 구경하는 관객에 불과했다. 그러나 지위가 바뀌는 변화가 일어나고 있는 것이다. 노벨상을 수상한 방글라데시 그라민 은행 총재인 무하마드 유누스(Muhammad Yunus)가 매우 통찰력 있는 이야기를 했다.

> "인류는 모두 기업가다. … 동굴에 살던 시절에는 우리 모두가 직접 음식을 구해 먹는 자영업자였다. 인류 역사는 그렇게 시작했다. 문명이 발전하면서 우리는 이를 억압했다. 타인이 '너는 노동자야'라고 낙인찍었기 때문에 우리는 '노동자'가 되었다. 우리는 스스로가 기업가라는 사실을 잊었다."
>
> (공유경제는 어떻게 비즈니스가 되는가, 86쪽)

소비자는 원래부터 기업가였다는 얘기다. 우리는 지난 200년 간의 산업문명이 설치해 놓은 통념의 덫에 갇혀 있다. 2만 년 이상을 인류는 그런 식으로 경제행위를 하지 않았다. 산업시대 들면서 생산자와 소비자가 분리되었고 역할도 고정되었을 뿐이다. 이젠 그

244

고정관념도 깨뜨려야 한다.

〈 그라민 은행 총재인 무하마드 유누스(Muhammad Yunus) 〉

4차 산업혁명이 완성되어 비즈니스 생태계가 블록체인 기반으로 전환되면 더 근본적인 변화가 일어나게 된다. 지금 모든 비즈니스는 웹을 기반으로 움직이고 있다. 홈페이지 없는 회사가 없고 블로그나 SNS를 활용하지 않고서는 비즈니스가 불가능한 시대가 되었다. 불과 20년 사이에 벌어진 변화다. 웹 기반이 블록체인 기반으로 전환되면 모든 개인(peer)들이 생산의 주체로 변한다. 칼자루가 아예 소비자들에게 넘어가고 경제시스템의 구조가 근원적으로 달라지는 것이다.

소비자들을 어떻게 설득해서 팔 것인지만 생각하지 말고 어떻게 소비자들과 협업하고 생산자로 세워서 경제적 이익을 줄 수 있는 전략을 짜야 할 때이다. 거기서 사업의 문제를 해결할 수 있는 솔루션을 발견할 수도 있다. 4차 산업혁명은 우리가 알던 세상을 바꿔 가고 있다. 우리 머릿속도 혁명이 필요하다.

유누스 총재의 말처럼 우리 모두가 기업가라는 사실을 잊고 살았는지도 모른다. 4차 산업혁명 시대 우리사회가 시급히 회복해야 할 것은 기업가정신이다. 오픈 플랫폼에서는 야생성이 없이는 생존할 수 없다. 플랫폼은 울타리도 없고 불변의 법칙도 없는 모호함과 불확실성의 생태계이기 때문이다. 참다운 기업가정신이란 생각의 틀에 고정되지 않고 끊임없이 연결하고 새로운 융합에 도전하는 것이다. 이 시대의 기업가 손정의는 '소프트뱅크 월드 2017'의 연설을 이렇게 마무리했다.

"혁명은 혼자서는 못한다. 같은 마음을 가진 기업가를 모아 혁명하자는 것이다. 힘을 지니지 못한 농민, 일반 시민이 같은 뜻을 갖고 모여서 일으킬 때 가능하다."

이제는 당신의 빅 픽처를 그릴 차례다.

참고문헌

갤러거, 레이. 『에어비앤비 스토리』, 유정식 譯, 서울: 다산북스, 2017

거스너, 루이스 V. 『코끼리를 춤추게 하라』, 이무열 譯, 서울: 북@북스, 2003

김용태. 『트로이목마를 불태워라』, 서울: 연암사, 2017

스테파니, 앨릭스. 『공유경제는 어떻게 비즈니스가 되는가』, 위대선 譯, 서울: 한스미디
      어, 2015

슬라이워츠키, 에이드리언 J. 『가치이동』, 황건 譯, 서울: 세종서적, 2000

앨드리치, 더글라스 F. 『디지털 시장의 지배』, 유한수 譯, 서울: 물푸레, 2000

앨스타인, 마셜 밴 외. 『플랫폼 레볼루션』, 이현경 譯, 서울: 부키, 2017

체이스, 로빈. 『공유경제의 시대』, 이지민 譯, 서울: 신밧드 프레스, 2015

탭스콧, 돈 외. 『블록체인 혁명』, 박지훈 譯, 서울: 을유문화사, 2017

토플러, 앨빈. 『권력이동』, 이규행 譯, 서울: 한국경제신문사, 1992

토플러, 앨빈 외. 『부의 미래』, 김중웅 譯, 서울: 청림출판, 2006

손정의가 선택한
4차 산업혁명의 미래

초판 발행 2018년 1월 10일
4쇄 발행 2020년 8월 12일

지은이   김용태
발행인   권윤삼
발행처   도서출판 연암사

등록번호   제10-2339호
주소   121-826 서울시 마포구 월드컵로 165-4
전화   02-3142-7594
팩스   02-3142-9784

ISBN 979-11-5558-031-8 03320

연암사의 책은 독자가 만듭니다.
독자 여러분들의 소중한 의견을 기다립니다.
트위터   @yeonamsa
이메일   yeonamsa@gmail.com

이 도서의 국립중앙도서관 출판시도서목록(CIP)은
서지정보유통지원시스템 홈페이지(http://seoji.nl.go.kr)와
국가자료공동목록시스템(http://www.nl.go.kr/kolisnet)에서
이용하실 수 있습니다. (CIP제어번호: CIP2017031972)